体教融合背景下学校体育发展理论变革及实践研究

宋名芳　谭小丰　著

吉林出版集团股份有限公司 | 全国百佳图书出版单位

图书在版编目（CIP）数据

体教融合背景下学校体育发展理论变革及实践研究 /
宋名芳, 谭小丰著. -- 长春 : 吉林出版集团股份有限公
司, 2023.6
ISBN 978-7-5731-3644-2

Ⅰ.①体… Ⅱ.①宋… ②谭… Ⅲ.①体育教学—教
学研究—高等学校 Ⅳ.①G807.4

中国国家版本馆CIP数据核字(2023)第131319号

体教融合背景下学校体育发展理论变革及实践研究

TIJIAO RONGHE BEIJING XIA XUEXIAO TIYU FAZHAN LILUN BIANGE JI SHIJIAN YANJIU

著　　者　宋名芳　谭小丰
出 版 人　吴　强
责任编辑　孙　璐　王　博
开　　本　710 mm × 1000 mm　1/16
印　　张　14
字　　数　200千字
版　　次　2023年6月第1版
印　　次　2023年9月第1次印刷

出　　版　吉林出版集团股份有限公司
发　　行　吉林音像出版社有限责任公司
　　　　　（吉林省长春市南关区福祉大路5788号）
电　　话　0431-81629679
印　　刷　吉林省信诚印刷有限公司

ISBN 978-7-5731-3644-2　　定　　价　55.00元

如发现印装质量问题，影响阅读，请与出版社联系调换。

前　言

　　体育教育是一种具有明确目的的实践活动，它属于既并服务于学校的教育目标，并构成一个有机的整体，由理解过程、实践过程和实现教学价值的过程组成。学生在这些过程中获得知识、掌握技能、开发智力、塑造品格、提高身心健康，从而充分实现体育教育的价值，充分实现学校体育教育的系统功能。因此，教师应该基于一定的教学理念，结合自身对教学过程中各个环节的理解，将学生放在整个教学系统的中心，认真思考和设计整个教学系统的组成部分，以满足学校体育教学的要求。

　　在整个教学过程中，体育教学价值的实现和功能的充分发挥取决于各组成部分的协同作用。因此，在设计体育教学时，应以系统论为指导，深入研究体育教学的各个环节，将每个组成部分紧密地结合起来，只有这样才能够找到最合适的解决方案。

　　当前，深化体教融合政策的颁布为学校体育发展提供了新的机遇与挑战，推动高校体育文化发展与繁荣既具备许多有利条件，也面临一系列新情况、新问题。在此作者就学校体育发展的理论变革及实践做了详细的研究。

　　本书主要分为五章。第一章是体教融合背景下学校体育发展导论，其内容包含了体育思想对体育教育的积极作用、体教融合的内涵、学校体育发展的主要矛盾与困境分析，让读者对学校体育教育有一个全面的了解。第二章是体教融合背景下学校体育的教学设计，主要罗列了四种教学设计模式，如：行为主义体育教学设计模式、认知主义体育教学设计模式、建构主义体育教学设计模式、人本主义体育教学设计模式。第三章是学校体育中有效学习与教学机制，内容包含了有效学习、有效学习机制以及有效教学、有效教学机制，通过有效教学与有效学习促进教师对教学充满热情，让学生能够从中得到更多的知识与发展。第四章是体教融合背景下学校体育课程改革原理，将学校体育课程如何设计与编制、实施与管理以及评价完善充分地进行讲述，具有一定的实践意义。第五章是体教融合背景下学校体育发展的实践路径，在学校体育发展的产生和转化机制的基础上，结合当前的理论状况和学校体育发展的具体情况，分析、总结和探讨了学校体育发展的规律和目标。在理论和现状的基础上，分析和讨论了学校体育发展转型的基本途径。

本书在内容撰写过程中，在内容上做到了理论与实践相结合，结构合理、内容翔实、条理清晰、有理有据，尽最大努力让读者感受到学校体育教学发展的有力作用。在编写过程中，参阅了大量学校体育方面相关领域专家、学者的著作和文献，学习和吸取了经验，同时得到了资深学者的大力支持，在此一并表示衷心感谢。

限于水平和经验，本书难免存在不足之处，敬请批评指正。

宋名芳　谭小丰

2023年2月

目　录

第一章
体教融合背景下学校体育发展导论

学校体育是学校教育的重要组成部分,其在培养学生作为具备身心健康、创新精神、实践能力的现代化人才具有重要作用。在体教融合的背景下,我国学校体育在改革中取得了长足发展,无论是理论研究,还是实践探索,都有了一定的进步。学校体育发展目标由预设走向生成,价值功能由中立走向负载,评价方法也由单一走向多元。但在实践发展过程中,学校体育发展始终存在一些问题,如有关学校运动风险的法制建设不完善、课程设置体系不健全、育人逻辑主线不明确、师资队伍建设内驱动力不足、校园竞赛体系不成熟等,这些现实困境都是不可回避的成因。通过转变教育观念、加强学生参与体育锻炼的意识,改善和提高学生体质健康水平等措施,来完善高校体育教育的结构与发展。

第一节　学校体育教育概述

一、体育基础知识

体育的教育功能是通过体育对人身心发展的促进,进而促进教育目的的实现而体现出来的。即便是在奥林匹克运动中,体育仍然被认为是一种教育方式，即在一定的道德范围和公平竞争的原则下促进人身心的健康发展。体育的教育功能主要体现在以下几方面：促进良好生活习惯的形成；通过提供社会规范教育、社会角色尝试来促进人的社会化；通过促成个性形成、约束个性发展和养成进取精神来发挥体育在促成个性形成和发展中的作用。

（一）体育与个性

体育不仅能影响人的生理属性，还能影响人的心理属性。现代体育是一种培养个性的手段，其具体体现在三个方面：首先，体育能够培养个体的自我意识，使参与者可以正确认识自己，选择合适的方法自我改进，巩固提高自己的长处，促进个体自我观念的形成；其次，体育参与往往发生在群体活动之中，参与者会为了取得与自己相适应的地位和角色不遗余力。在体育群体中，良好的表现会得到奖赏，反之会受到冷落或批评。参与者要学习群体规则，规范自己的思想和行为，因此体育具有仿社会的性质和培养社会化的重要功能；最后，参与者参与体育活动既要接受客观环境的影响与制约，又要进行自我调整，自觉参与体育活动，在主客观的相互作用下培养对自身积极性和客观限制性的辩证理解，从而达到塑造个性的效果。

（二）体育教育方法

1.设定阶段性主要目标

体育教育可以在总目标的前提下设定若干中间层次的目标，每个中间层次的目标又可分为若干具体的阶段目标，使学习者能够循序渐进地达到总目标、以不断唤起学习者的进取欲望。

2.强调反复持续的努力

为了达到各个阶段的目标,体育参与者要通过外界和自我的激励来磨炼自己的顽强意志,可以采用练习、测验、比赛的循环方式。为了达到目标,参与者有必要选择适当的伙伴或对手。一般而言,其可以从练习开始,然后经过模拟测试、练习赛,最后采用正式测验或正式比赛的方式较为理想。

3.群体活动促进个性形成

在体育活动过程中,人们可以体验各种各样的人际关系,并通过群体内部的相互作用对个性产生影响。一般来说,群体目标的达成与成员的满足感的获得,要靠群体的凝聚力、核心人物的作用与群体规范。若要引导群体活动向理想状态发展,就要能动地把握住这些因素。

4.尊重自主性与创造性

在进行体育教学计划时,要留出时间给学生。只有尊重学生个性,创造和谐的师生关系,才能有利于学生自主性和创造性的发挥。

二、中外体育教学模式概述

深化我国体育教学改革,建设有中国特色的学校体育教学模式,要求我们以一种开放的眼光,研究国外体育教学模式的状况,从与世界的横向联系中对我国体育教学模式进行定位。产生不同教学思想和体育教学实践的中外体育教学模式,各有其自身的独特性,对他们进行比较分析,将有利于我们剖析自我,借鉴参考,在理清国内外体育教学模式状况的基础上,理性地借鉴国外体育教学模式的合理成分、积极因素和进步之处，在相互学习交流中，为重新建构我国新的体育教学模式体系提供良好的经验，在各种教学模式的"张力"中取长补短，使我国体育教学模式处于充满生机的状态。为了实现这个目的，在此我们可以将一些有代表性的发达国家的体育教学模式与我国的体育教学模式进行横向辨别，以其对我国体育教学模式的改革有所启发。这些具有代表性的国家的数量虽然不多，但这些国家的体育教学模式比较先进，而且各国国情不同，体育教学各有特色，具有较强的代表性。而且，他们的教学实践，基本上可以反映出当地中小学体育教学的基本经验，能够为我国体育教学模式的改革提供一些思路和借鉴。

(一) 国内外体育教学主导模式特点

1.动作教育模式

动作教育也译为"运动教育"。它起源于英国，20世纪60年代被美国引进之后，逐渐发展成为世界范围内颇具影响力的体育教学流派之一。当前，动作教育被美国、英国等国家认为是传授动作技能的最佳方法。其比较公认的定义是在1963年提出的，即在与环境相互作用的时空里，促使个体利用自身的能量体系，在位置上做出改变。这一种模式的具体内容如下所。

目标：传授基本的动作概念和动作技能，而不是运动项目本身的学习。他们将运动项目分解为运动的基本技巧或基本动作。

程序：教师安排适合全班儿童运动能力的适当运动（教师可对动作进行修改，以促进学生创造出更多的动作）。学生自己制订学习目标和练习方案，在教师引导下自由地寻找和创造适合自己运动类型的活动（可对教师提出的问题找出多种创造性的解决办法，或编出简单的游戏或动作），并对学习成效进行自我评定。教学的程序，如图1-1所示。

由于该模式教学强调学生的自我探究和自我发现，需要学生利用自己的体育基础去发展自己的能力和素养，因此其对学生的学习积极性、教师的启发、教学的方法手段、学生的体育基础和创造能力都要求较高，否则便难以获得良好的教学效果。

图1-1 动作教育模式操作程序图

2.快乐体育教学模式

日本体育教学界自倡导"终身体育"思想以来，"快乐体育"理论就得到了发展并受到重视（"集团学习"为其主要学习形态），下面就其模式的具体内容做一下简单介绍：

主题：与"终身体育"思想密切联系。要求体育教学不能带有教师强制性，而应尊重学生的自发性、自主性、自律性和个体差异性，使他们都能够获得体育的乐趣。

目标：充分发挥学生现有的能力去享受运动，加深他们对运动乐趣的理解和感触，提高学生享受乐趣的能力。这种能力的提高表现为对运动技术、战术的掌握和体力的增强。

程序：在体育学习中，该程序特别强调以学生为主体、要求教师站在学生的立场上去把握运动的特性，根据对运动特性的把握，去组织体育的教材，去考虑教学方法，尽量满足学生的需求，最终使学生自发、自主、快乐地学习。学生则根据教师提出的学习内容和自己的能力建立与其相适应的学习目标,通过练习、游戏或比赛,享受运动的乐趣,发展运动能力。而且在评价学习成效时,学生既要重视小集团的评价,又要重视自我评价,使自我评价与自订学习目标紧密地联系起来。还需指出,快乐体育学习并不排斥教师的指导作用,但教师在体育教学过程中的主要任务是帮助学生认识自我、认识客观世界,从而更好地促进学生进行自主学习。有关快乐体育教学模式的操作程序和学习过程模式,如图1-2所示:

图1-2 快乐体育教学模式操作程序图

条件:快乐体育教学既强调学生的自主学习,又重视教师的指导作用,因此它对学生的自觉性、积极性和体育基础以及教师的教学水平都提出了较高的要求。

3.生产体育教学模式

20世纪70年代至80年代,联邦德国的学者进行了一系列的教学研究,从理论上认识了传统学校体育失败的原因。传统学校体育力图把教师的知识和经验移植给学生,这导致了学生缺少自我学习和发现的能力,在理论上,这种形式可被称为知识和技能的再生产模式。研究者从传统教学模式的失败中找到了新的探索方案,开拓了改革的途径,把体育教学模式转换到生产型上来。下面对这一模式进行分析。

主题:受实用主义教育思想的影响较深,认为教学应以学生为主,教师应全面为学生服务,使学生身心得到发展并适应社会。

目标：认为体育教学的主要目标是培养学生的能力、个性、社会行为。这里的能力，主要指运动能力和学生自练、自管、自评等能力；个性，主要指学生在运动过程中表现出来的个性特征，如进取动机、兴趣爱好、欢快的情绪等；社会行为，主要指在体育教学过程中，在处理师生关系之间、个人与集体之间、同辈群体之间的关系时所表现出来的良好行为。

程序：这种模式改变了原有教师的地位，教师在充分了解学生的基础上，帮助学生，使学生通过自己思考或实践，自我生产（发生）正确的知识和技能。其核心是强调学生的创造和发现。因此，其尤为重视学生的主体地位。自主创造学习、发现学习及问题求解学习都是值得提倡的。该模式的操作程序，如图1-3所示：

图1-3 生产体育教学模式操作程序图

条件：生产型体育教学模式既强调教师自主创造学习、发现学习，重视学生学习的主体地位，又重视教师的启发、引导作用，所以其对学生的体验与参与以及教师的教学水平都有很高要求。

另外，西欧国家在教学模式方面与美国接近，突出以学生为中心，重视发展学生的主动性、创造性，培养其独立思考和表现、创造的能力，教学过程中教师则起帮助和辅导学生的作用。

通过以上各类模式，我们可以看出，体育教学发达的国家教学主导模式具有这样的特征：在不排除技术学习和身体锻炼的前提下，尤为重视学生学习中的主体性以及学生通过主动性的体育学习所获得的对体育的基本认识。

4.我国当前体育教学主导模式分析

我国体育教学主导模式,体现一定教学思想和规律的教学过程结构已经相对稳定地建立起来。但是,由于教学过程结构是教学模式中容易看得见的部分,因此人们往往用"教学过程结构"来代替教学模式。这种提法,对于体育教学模式而言是有偏颇的,其不足之处是将体育教学模式表面化。尽管如此,也正是因为这个特点——教学模式直观性的集中体现,才使其成为我们把握体育教学模式的关键。所以,需要十分注重通过对"体育教学过程结构"的剖析,来把握体育教学模式的总体特征,研究我国体育教学模式的有关问题。

通过进一步对各部分的具体内容及组织形式进行分析,可以得出以下观点:

(1)教学过程的顺序:准备活动——主教材的教学和练习——放松整理活动。运动技术教学是教学过程中的主要内容。由此可以推断这个教学过程是以运动技术形成和熟练化规律与运动负荷的规律为主线进行设计的。

(2)教学过程的开始部分缺少构成思维动机和线索的"课题",没有"尝试性学习"的内容,也没有小组的建立和小组目标设立的程序。在教学中间部分很少有与学习思维相关的教学环节,如师生问答、学生个人或群体的探索、验证性学习、小组讨论、评价归纳等。在结束部分也没有对问题的总结、下一课题的提出、目标实现度的确认以及进一步的课题提出等内容。

(3)大部分课在教学目标上是偏重技术的传授和熟练掌握,以及渗透其中的身体锻炼效果。其在教学组织设计上显然是偏重于教师一方的,如重示范轻观察、重讲解轻提问、重被动管理轻主动探索等倾向。可以推断,这是一个在教学效果上偏重"练"而忽略"想",偏重"会"而忽略"懂"的重视教师管理而轻视学生主动学习的教学过程。

根据以上对教学过程结构的分析,可以认为,我国当前体育教学主导模式的性质是一种以技术学习和技能熟练为主、锻炼为辅的教学。根据教学模式的具体结构,我国体育教学主导模式可描述如下:

主题:强调以学习体育的基本技术和技能为中心,遵循学生的认识规律和动作技能的形成规律,把教学过程分为感知、理解、巩固、运用等几个阶段,以知识、技术和技能学习为中心,全面完成体育教学任务。在教学中十分强调教师的主导作用。

目标:传授体育的基本知识、基本技术和基本技能,通过"三基"的传授来完成体育教学的各项任务。

程序:该模式主要是遵循学生的认识和技能形成规律,在教学中以教师为中心,学生在明确教师提出的教学内容、目的和任务后,教师通过一些直观教学使学生对所学内容产生感性认识,形成视觉表象。学生经过模仿练习和表象练习,再经实际练习和教师指导、建立动作的动觉表象和正确的肌肉感觉,形成动作技能。之后,教师对所学内容进行总结评价,并指出存在问题,使之起到教学反馈的作用。该模式的操作程序,如图1-4所示:

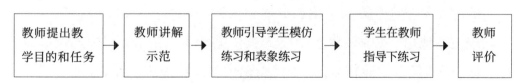

图1-4 中国体育教学模式操作程序图

在影响该模式教学效果的因素中，居第一位的是教师的技能水平，其次分别是学生学习的积极性、学生的体育基础、教学的方法手段、学生的身体条件。

以下是国内外体育教学模式的区别。国内外体育教学主导模式所具有的上述特征是由它们各自的体育教学指导思想决定的。比如，美国的学校体育教学思想深受美国哲学家、教育学家杜威"儿童中心主义"思想的影响，因此其反映在教学模式方面尤其主张以儿童的兴趣、动机和需要为中心安排体育教学，其目标强调促进学生身心全面发展，增进其健康，发展其运动技能和运动能力。在师生关系上其强调以儿童为中心，突出学生在教学过程中的主体作用。学生既是学习者，又是决策者，学生通过自己探索、发现和相互交流等自主学习方式来完成教学任务，教师在这一过程中进行引导、辅导和教育活动，但这些活动主要用以启发帮助学生学习。在进入20世纪90年代以后，日本的学校体育为了适应社会和教育发展的需要，以终身体育、快乐体育思想为立足点，提出培养学生对体育的关心、意欲、能力和态度为核心的新的"体育学力观"。新的"学力观"把培养学生终身爱好运动和自主地运用知识技能进行运动的能力与态度作为核心内容；把培养学生的思考力、表现力和解决问题的能力放在第二位；第三位是知识、理解和技能。新的"学力观"反映在教学模式上自然是强调学生的自发、自律、自主学习，满足学生的运动欲望，充分发挥学生现有的能力去享受运动，以加深他们对运动乐趣的理解和感触，提高学生自由享受乐趣的能力。学生在体育教学中居主体地位。我国体育教学模式其依据学生认识规律、技能形成规律，强调教师主导作用，以传授知识和动作技能为主线，全面完成教学任务。

国内外体育教学模式的优势和侧重点不同。发达国家体育教学模式的优势和侧重点：学生居中心地位，有利于发挥学生的积极性、主动性和创造性；有利于发挥学生的个性和能力；有利于培养学生对体育的兴趣和爱好。但学生进行自主学习，有时需要多费一些时间、多走一些弯路。另外，在学习中、学生要经常自行安排，也容易使其学习缺乏系统性和全面性。还有很重要的一点是，教师的作用如何充分发挥的问题也比较难解决。国内体育教学模式的优势和侧重点在于能充分发挥教师的主导作用，使学生获得全面系统的知识技能，在学习中少走一些弯路，尽快地达到教学要求。但学生处于被动地位，对培养学生个性、能力和从事体育的兴趣不利。

(二) 国内外体育教学模式群

对体育教学主导模式的分析，旨在考察体育教学模式的总体特征，但主导绝不等于唯一。实际上，无论是在理论层面还是在实践层面，体育教学模式都是丰富多样的。这些模式一方面丰富了体育教学理论，另一方面也对体育教学实践产生了极大的影响，所以对体育教学模式的群体（简称"体育教学模式群"）进行探讨，显得越发重要。

1.国外教育教学模式群的特点

国外体育教学模式群的最大特点体现在教学模式所涉及的培养目标上，其目标非常广泛，而且针对性强。每一种典型的模式都是针对学生某一方面的素养而设，分工较细，这使得目标的实现途径具体、明确，从而增强了目标的可操作性。在相关教学模式一书中，作者一共概括了25种教学模式，并按主要教学目标分类将其分为4类：①以认知掌握和认知发展为目标的教学模式；②以学生的社会性品质为目标的教学模式；③以学生的情感、意志以及心理健康为目标的教学模式；④以牟利行为的出现为目标的行为训练模式。

这种分类在体育教学领域中有一定的合理性。美国学者安娜里诺根据相关教育书籍创立了"体育教学目标操作分类学"，确定了体育教学的4个目标：身体领域（机体发育）；运动领域（神经肌肉发育）；认知领域（智能发展）；情感领域（社会的——个体的——情感的）。根据这一理论，有关学者确定了体育教学的四个具体目标：体质发展目标；体育技术和战术目标；专门的运动知识目标；针对运动的态度、情感和行为目标。目标与模式之间是一种大致对应的关系。这使得每一种体育教学目标的实现都有其独特的模式，不仅有认知方面的，而且还有社会方面的、情感意志方面的、行为方面的、心理健康方面的。当然，在此需要特别指出的是，任何一个体育教学过程，都不存在单一的、纯粹的教学模式，它只能在某种理论的指导下，针对不同的教学目标而有所侧重，以上所说的教学模式的针对性就正在于此。

国外体育教学十分重视能力的培养（尽管对于什么是体育学科能力仍有争议，但一般认为体育学科能力应包括获得体育知识的能力、运动能力、自我锻炼能力、自我评价能力、适应能力）。各种体育能力的培养都从隐性的目标变成了显性的目标，即各种能力的培养不再仅仅依附在动作技能传授的背后，作为附属目标而存在，而是作为体育教学的直接目标放在了教学的最前沿。发现式体育教学模式、快乐体育教学模式、小群体体育教学模式以及成功体育教学模式等，这些模式的出现大大增强了各种能力素质培养的可靠性。

2.我国体育教学模式群特点

我国体育教学模式群的整体特征是形式多样、功能单一，虽然现在体育教学领域中也出现了名目繁多的所谓"新的"教学模式,但基本上都没有超出传授体育基本技术和技能这一范围,即便是传授的方式有变,但学习动作技能的根本目的没变。我们往往寄希望于通过一个过程达到所有的目标,而不擅长通过多种途径实现各个目标或者进行分门别类的研究,因此造成了各模式之间的大同小异、分工不明、特点不突出。其具体表现如下:

第一,目标指向单一。体育教学往往以体育知识技能的传授为主要目标和着眼点,而忽视能力、个性和态度等的培养。人们习惯地认为只要学习了知识就会发展能力,二者是统一的。但实际上,知识的学习和认知的发展是统一于一个过程的,而不是"如果A,那么一定B"的关系,即A不是B的充分必要条件。退一步说,如果说知识的教学对认知的发展还有一定功效的话,那么对社会性品质的培养、对情感意志和心理健康的发展来说,收效却是甚微的,而专门用于培养这些个性品质的体育教学内容还相对欠缺。

第二,模式之间的特征不明显、针对性差。我国体育教学所具有的特点是部分教学目标没有自己相对应的教学模式,从而使这些目标成为一种"附带"的目标。而各种"新的"体育教学模式似乎都具有相同的功能,能够完成所有的目标。每一种模式大致都遵循着同样的教学过程:准备活动——主教材的教学和练习——放松整理活动。模式的结构如此单一而功能却非常全面,这既要完成知识技能方面的目标,又要完成情感、个性和行为方面的目标,这就产生了模式的功能与教学目标之间的矛盾,因为单一的模式结构根本不可能完成如此复杂的教学目标。

第三,模式的操作性相对较弱。在教学理论中,虽然也提出了多种教学模式,但在实践上却不能运用起来,即使能运用的,也只是针对传授动作技能的目标,而对于其他目标的实现却是非常困难的。这是因为,这些模式的可操作性相对较弱,理论建构尚不完善、缺乏具体的操作步骤,因此运用起来随意性比较大,而且缺乏科学的评价手段,不能形成完整的具有反馈功能的操作系统。同时,从其他学科"移植",也是体育学科构建教学模式的重要方法之一,但这种"移植",却缺乏合理的改造和加工,脱离了体育教学的特点,因此在教学中难以操作。

三、我国新型体育教学模式的构建

革新传统的教学观念,能够促成主动、开放、有效的教学,这是当代体育教学改革关注的核心问题。如何把一个相对被动的、沉闷的,事实上局限于指向学生技术掌握和身体锻炼的体育教学,转向主动的、活泼的,既重视体育教学生理效应又重视其"育人"作用的体育教学,是值得深思的问题。重构新型体育教学模式至关重要。

(一)新型体育教学模式的理论基础

1.新型体育教学模式的现代课程论基础

教学属于课程中的一部分,所以建立教学模式必须以一定的课程理论为基础。只有明确了现代体育课程中的一些基本问题,如体育课程改革的指导思想、课程目标、课程内容等问题,才可能建立起有效的模式。

(1)现代体育课程的发展趋势

终身体育思想是当代一种国际性的体育思想,它是伴随着法国教育家提出的终身教育思想而形成发展起来的。终身体育指一个人终身进行体育锻炼和接受体育的教育，它是由人体发展规律和身体锻炼的作用以及现代社会的发展所决定的。终身体育主张在受教育后继续掌握体育和保健的理论知识，提高对体育的认识，掌握必需的体育技能，在增进健康的前提下，强调发展个性、培养能力，养成锻炼身体的习惯。其主张体育生活化，通过交往促进人的社会化，注重人的心理素质和情意的发展。

终身体育要求体育课程把重点放在发展、个性和身体差异上。它的主要特点有以下几点：

终身性——学习体育贯穿一生；

普及性——每个学生都可在适合自己的活动中，得到快乐体验；

开放性——冲破传统体育课程那种僵化、统一的体制，使学生的学习具有广阔的学习范畴；

公平性——学生学习机会均等。但这并非意味着每个人都能接受到同样的体育教育，而是强调每个人都能接受到最好的体育教育；

自主性——教师选择教学内容的自主权和学生选择学习内容的自主权；

娱乐性——不以竞技运动为教学规范，而是要满足学生对体育的需求。

20世纪60年代以来，课程理论出现了两次世界性的变革：一是学科中心课程论，它主要强调智力、技术技能的发展，强调学科自身逻辑与规律形成的学科结构，但忽视学生身心特点和个人认识需要。二是人本主义课程观，它主要统一学生的认知、情感、意志还有行为，注重学生能力的全面发展，强调教学过程既要重视智力的培养，又要关注情绪、态度、价值等内容。我国体育课程的体质、技能、技术教育思想正是学科中心课程在体育课程中的反映至今仍影响着体育课程的改革。终身体育课程思想就是要实现学生身心素质的全面提高。因此，我们应树立终身体育思想，以适应世界范围内的人本主义课程理论的发展趋势，从整体上把握体育课程的改革。

第二，体育课程目标实现多元化。体育课程目标是编制体育课程的出发点和评价体育课程质量的依据，它决定着体育课程的内容、方法，制约着体育教学过程，具有导向作用。当前国内外体育课程的目标呈现多元化趋势。体育课程目标不仅把增强体质、提高健康体质作为首要目标，而且注重培养学生的体育文化素养，为终身体育奠定基础，同时强调学生个性和创造力的培养，并主张结合体育课程内容的特点，把道德教育和合作精神的培养融合在体育教学的过程之中。所以，体育课程目标在空间上应从追求学生外在技能、技术水平转移到全面追求学生身心协调发展上。在时间上，通过体育课程，不但要完成学生在学校期间体育知识的传授和技能的培养任务，还要培养学生对于体育的能力、兴趣、习惯，为其终身参加体育活动打下基础，从生理、心理、社会三重维度，把体育课程目标定位在个人素质的全面发展上。

第三，课程内容注重学校体育主体需求。学校体育的主体是学生。随着社会的发展，学生对体育的需求呈多元化态势，主要表现为健身需要、健美需要、娱乐需要、个性化和多元化需要。课程内容只有满足了学生需要，才能激发学生兴趣，使学生形成稳定的心理状态，从而实现终身发展的目标。这正是现代人本主义课程观在体育课程中的体现。一是要重视传授终身体育所需要的体育知识。这部分知识主要包括体育基础知识、保健知识、身体锻炼与评价知识、竞技运动知识等。二是竞技运动项目的教材化。竞技体育之所以仍然是体育课程的重要内容，是因为它具有丰富的文化内涵，也是人类文化宝库中灿烂夺目的瑰宝。我们必须把这部分文化遗产的继承任务纳入学校体育中来。竞技体育项目作为学校体育课程的重要内容，有两个问题应引起我们的重视：一是选择项目时应考虑价值性、实用性、趣味性和生动性；二是要对竞技体育项目进行改造加工，使之适应学生的身心特点和实际情况。

（2）现代体育课程与新型体育教学模式

第一，新型体育教学模式的目标取向。教学目标常常受课程目标的影响，没有新的课程目标就不可能有新的教学目标。而教学目标必须服从于课程目标。长期以来，我国体育教学在体育目标的达成方面，存在着部分的偏颇，在对待有形目标与无形目标方面，始终注重有形的目标，即传授体育基本技术技能，但忽视了体育教学对学生认知发展和情意培养方面的作用。新型体育教学模式的目标不仅要求有运动技能目标，而且还要有情绪、态度、能力、个性等目标。目标体系中不仅有可测的行为目标，还有难以测评的反应探索、高级心理过程等方面的目标。

第二，新型体育教学模式的价值取向。新型体育教学模式的价值取向符合当今新的课程价值取向，即以学生的发展为本，把学生的发展作为教学模式的着眼点和目标。重视全体学生全面发展和个性培养的统一。以学生发展为本就是要将学生的发展需要与社会要求结合在一系列的教学过程当中，保持学生、知识与社会这三者之间关系的动态平衡。学生发展离不开体育学科内容的学习。同时，学生通过体育学习发展自己，一方面需要一定的规律，另一方面又需要根据社会需要。促进学习者的发展是为了更好地为社会需求服务。

第三,新型体育教学模式的教学设计思想。前文曾提到,传统的体育教学中缺乏构成思维动机和线索的"问题"。课程的问题中心设计模式是新型体育教学模式设计的模式基础。在新型体育教学模式中,教学过程、内容和组织形式的设计将以问题为主线。而问题来源于学生的发展需要和教学内容的需要。在教学设计中,既要关注教学内容又要关注学习者的需要、兴趣、爱好等,让学习者作为一个完整的个体参与到教学中来,让学习者在解决问题中,学习掌握学科内容,增长解决问题的能力。

第四,新型体育教学模式中教师与教学的关系。教师与教学的关系应是一种主动设计与创新的关系。体育教师应是教学过程设计的构造者和创新者,在教学过程中不断地设计和调整着体育课的结构与内容、学生活动的形式和内容、教学内容、教学的气氛等。

2.新型体育教学模式的现代教学基础

教学论有许多流派,如探究发现教学理论、情意交往教学理论、认知教学理论、建构主义教学理论等。这些理论的哲学观可能不一样,但它们对教学的一些精辟的观点却可以为新型体育教学模式所用,成为新型体育教学模式的理论基础。因此,下面简要列举一些对建构新型体育教学模式有支撑作用的观点。

(1)关于教学目标

有学者认为教学目标应放在培养人才所需的发现学习上。教学要引导学生通过自己的主动发现来学习,使学习者通过体验所学概念、原理的形成过程来发展自己的思维能力,掌握探究思维的方法。教学要把学习知识的过程与探索知识的过程统一起来,让学生在学习过程中把掌握知识结构与发现知识结构结合起来,这对于培养学生的迁移能力是有价值的。

有关学者认为教学是有目的、有计划地发动、激化、维持和促进学习者的学习，教学应侧重培养学生的能力和发展的倾向。

还有学者认为教学从一定意义上说只是满足个人的需要，协调个人以自身的方式获得发展的工具。因此教学应有利于推动学生的个性充分发展，能使他们的天性释放出来。教学的目标是创设一个有利于学习者发展自身能力的环境，使学习者在接受教师援助的同时能认识自身、分析自身的问题，而且掌握自我实现的能力。

建构主义教学观认为，教学的目标是充分发展学生的主动性、自主性和创新性，探讨客观世界，因此，让学生掌握自己的思维工具、了解自己的思维和学习过程是建构主义学习的一个重要标志。用通俗的话说，就是让学生学会学习，并能调控自己的学习，发展学生自我控制的技能，使学生成为独立的学习者。

（2）关于教学过程

探究发现教学理论流派的特点是注重"会学"，注重学生的探索活动与传统教学注重"学会"的理念是相对立的。

情意交往教学理论认为师生之间的"情意交往"才是教学过程持续的"群体活动"，交往不仅是人们相互作用的手段，而且是人们普遍存在的方式和发展方式。交往是人与人之间的相互往来。

认知教学理论的主要代表人物认为，不管教学是否存在，学习都会发生，但可以通过教学影响学习。教学规划有助于学习者的学习。

建构主义教学理论在教学观上强调学生学习的主动建构性，具体到学习观上，建构主义教学理论与以往的教学理论相比，更加突出表现了三方面的重心转移：从关注外部输入到关注内部生成，从"个体户"式学习到"社会化"的学习，从"去情境"学习到情景化的学习。建构主义者认为，学习不仅仅是知识的由外到内的转移和传递，更是学习者主动地建构自己的知识经验的过程，用新经验与原有知识经验的反复的、双向的相互作用来充实、丰富和改造自己的知识经验。学习者不是被动的信息吸收者，相反，他要被动地建构，这种建构不可能由他人代替。

（3）现代教学理论与新型体育教学模式

综观各个教学理论流派的观点，其共同之处，便是对"主体性"的追求。教育中的"主体"指影响教学过程的主要原因。教育中的主体性是与主导性相对的一个概念，它指学生自主性、主动性和创造性的总和，是学生的全面发展的核心问题。其中，学生的自主性主要指学生的自我意识与自我能力，包括学生的自尊、自爱、自信、自决、自理、符合实际的自我判断、积极地自我体验和主动地自我调控等。主动性指学生对外界的反应，其中包括成就动机、竞争意识、求知欲、主动参与社会的适应性。创造性是学生主动性和自主性发展到高级阶段的表现，它包括创造的意识、创造的思维和动手实践的能力。我们知道学生是认识或学习的主体，学生认识的发展同其他一切事物的发展一样，内因是根据，外因是条件。教师的教是外因，学生的学是内因，外因通过内因起作用。尊重了主体，学生才可能发挥主动性或积极性，才可能举一反三，触类旁通，深刻理解知识并善于运用知识以适应社会的发展。教学中尊重差异，才能使教育恰到好处地作用在每一个学生身上，才能发挥学生的主体作用。由此可见，传统体育教学模式的最大弊端，便是对学生主体性地位的忽视。而新型体育教学模式与传统体育教学模式的根本区别，就在于它是建立在主体性的教学理念之上的。

(二)新型体育教学主导模式设计思想

研究国外体育教学模式的目的是借鉴其合理成分、积极因素及进步之处。分析传统体育教学模式的现状,旨在了解其弊端,进而为设计新型体育教学模式奠定经验基础。而现代体育课程论以及现代教学论的发展则为新型体育教学的提出提供了科学的理论基础。

新型体育教学模式,应该是主体式体育教学模式。在这种模式中,学习的主体与对象合二为一,有利于促进学生自我意识的形成,促进其个性的发展。

这个过程包括:①学习前根据学习任务和客观条件,确定自我目标,安排学习步骤和选择学习方法;②学习中监控学习过程,反馈和调整学习行为;③学习结束之前的检查,评价学习效果和补救措施;④学习结束之后的总结性评价和为今后学习提出的建议,即自我计划、监督、检查、评价、反馈和调控过程。在自我监控的体育学习过程中,学生的能动性发挥是最重要的。我们的体育教师应注意培养和强化学生自我锻炼和学习的意识,促进学生能动性的发展;在学习中,促进学生寻求成功的感受,对学习中的不足学会正确地归因分析,还应该注意教师"主导"的适时、适量、准确和个性化。

学生的反馈意识、调节意识的技能要不断培养并使之形成。在实践中发现,发挥学生主体性的教学,总是能够使学生在实践中实现从他控到自控、从不自觉到自觉、从缓慢提高到自我监控的飞跃。这种能力的培养,一般应首先使学生有基本体育知识的积累。没有知识的积累,就失去了自我监控的"技术基础"。在学习过程中,教师应引导学生树立自己明确且可行的学习目标,帮助学生制订切实可行的学习计划,控制学生学习、反馈和调整计划的行为,使之成为自觉,创造条件提高学生自我检查和评价的能力。

综上所述，以主体性教学观为视野，结合教学模式的基本理论，新型体育教学模式应具备如下特征：

1.在教学思想上，将把社会需要的体育和青少年儿童需要的体育结合起来，以实现体育教学中满足社会需要与促进学生个性发展的和谐统一，在思想与实践上逐步与终身体育接轨。

2.在教学目标上，将围绕着21世纪对人才培养的需求、青少年儿童身心特点等，加强对学生能力的培养，如主动学习能力、问题解决能力、思考与创造力和体育实践能力等。

3.教学程序中，逐步融入运动目的论的思想。让学生充分体验运动学习中的乐趣，满足学生的个体需要，尊重学生的自我选择，使学生在教师指导下逐步养成喜爱运动的态度、兴趣与习惯；引导学生充分理解和参与学习过程，在教师指导下让学生自定目标、自我评价，允许学生自我表现，培养学生自学自练的习惯及创造性思维；改变过去教师划一化、统一化、被动性、机械性的做法、朝兴趣性、自主性和丰富个性的方向发展，用一种新型的指导性组合和自由式组合相结合的形式组织学生学习，创造出一种亲切、和谐、民主、宽松的课堂教学环境和组织形式。

4.在教学方法上，以主体性教学观为视野，提倡个别化和个性化的教学方法。第一，提倡启发式教学，注意学生的心理发展变化规律，营造学生探究和尝试性的学习氛围；第二，从个体式学习到社会化学习，强调群体发现、小组学习等，培养学生社会性的品质。

5.在教学评价上，以学生生动活泼的学习、个性充分发展、兴趣习惯能力养成、主要学习目标的达成等为标准。

需要特别指出的是，当前应该建立的新型主体性体育教学模式既不同于传统的体育教学模式，也不完全等同于国外体育教学模

式,而是介于二者之间的一种形态。其原因在于:

第一,终身体育的思想是体育教学改革的趋向。

第二,中外体育教学模式在指导思想上属于不同的形态和体系,国外体育教学模式也有其难以克服的不足之处。

第三,在不否认技能的传授和身体锻炼的前提下,辅以教学内容、教学方法上的改革,加入关键性的程序,教学过程的结构便可以发生本质性的变化。

当然,以上所提出的只为了是改造我国体育教学、创立适合我国实际情境的体育教学模式的设计思想。虽然假设是根据实践的经验和理性的思想得出的带有一定科学性的理论,但是假设要变为可以指导教学实践的手段,还要经过实验和实践运用的检验。这也是形成体育教学模式最后也是最重要的环节。

(三) 体育教学模式群结构的优化

我国体育教学模式群的整体特征是目标指向单一、模式之间的特征不明显、针对性相对较弱以及可操作性不够完善等。在重构体育教学主导模式的同时,体育教学模式群结构也必须进行相应的优化,才能最终全面实现体育教学的目标。要克服以上缺点,特提出以下对策:

1.提倡教学模式多样化

我国体育教学目标从理论上来说已经形成了多层次、从抽象到具体的体系,而要通过体育教学实现这些目标,就要有相应的多样化的体育教学模式。从传统上来讲,由于种种原因,人们对于体育教学的复杂性认识不足,体育教学往往固守于某一种模式,致使体育教学模式变得僵化。单一的教学模式抹杀了体育教学的复杂性,不能反映体育教学的本质规律。国外某教育家在其所著的书中指出：教学中不存在一种适用于所有教学情景的模式，不同的教学目标需要有不同的教学模式与之相适应。要改变我国教学模式单一化的倾向，最有效的途径是改变原来仅以动作技能的传授为目的的教学建模原则，为各种教学目标，如能力、个性的发展分别建立自己独特的教学模式，使目标与模式之间具有大致的对应关系，从而增强目标的可操作性。

2.提高各模式的科学性

要提高各模式的科学性，具体做法是：要注重体育教学模式基础理论的研究，借鉴现代科学研究的成果，特别是心理学的研究成果。同时，要克服体育教学实验研究的设计不合理现象，建立的模式要有教学模式的一般特性，如完整性、针对性、操作性、开放性和有效性等。

3.加强体育学科教学模式的研究

探讨具有有效性并适应体育教学的教学模式是我们的重要任务。为此，我们一方面要借鉴其他学科关于教学模式研究的新成果，将其进行合理的改造与加工，创造性地运用于体育教学中。另一方面要把先进的教学经验上升到理论的高度，生成体育特有的教学模式，使体育教学模式的研究走上一个新的台阶。

四、几种新型体育教学模式评价分析

在我国体育教学领域内，强调根据学生的身心特点、发挥学生积极性、促进学生主动参与将成为体育教学中的新时尚。在我国体育教学较发达的地区，体育教学中的学生参与教学、学生主动自我发展的教学先例已经屡见不鲜。这些新型的教学形式中相对比较成熟的有快乐体育模式、发现式体育教学模式和小群体体育教学模式等。

(一) 快乐体育教学模式

快乐体育源于我国80年代的愉快教育,是针对学生的体育厌学而提出的,是为了适应终身体育思想而发展起来的。

什么是快乐? 从教育心理学的观点看,快乐是一种心理体验,是人类情绪中的重要正情绪,需要的满足是激起快乐体验的源泉。有观点认为:"你任何时候都不要急于给学生打不及格的分数。请记住,我们的快乐是一种巨大的力量,它可以激起儿童好好学习的愿望。请记住,无论如何不要使这种力量消除,缺少这种力量,教育上的任何巧妙措施都是无济于事的。"[①]快乐的心理体验因人、因事、因时、因地而异。对于社会的人来说,来自生物性的、游戏性的和玩笑性的快乐体育固然重要,但是对人有建设性的、有社会意义的活动显得更重要。如果从系统的角度出发,快乐体育应包括得到人体健康发展体验的快乐,得到成功、兴趣体验的快乐以及得到尊重和依赖体验的快乐等。

快乐体育教学模式指以运动为基本手段并采用适宜的教法,增强学生体能,使学生得到理性的快乐体验的一种体育教学方式。这种体育教学模式的作用是能够较好地提高学生体育学习的兴趣,养成锻炼身体的习惯。其特点是通过教师的指导使学生在"乐"中学,在学中"乐"。这种教学模式的适应条件是根据教材特点,适宜初中及小学学生。

快乐体育讲求愉快的学习气氛,旨在强调激发学生的学习兴趣，引发良好的学习情绪，使学生变被动接受为积极自觉地渴求。但是以"乐"激趣也并非得放之四海而皆准的唯一良方和途径，这里存在着教学形式与教学内容的统一问题。实际上，学生的兴趣既受影响于施教的方式，也受影响于施教的内容。当教学方式创设的精神与教学内容所描述的情景相辅相成、相得益彰时，便能够激发学生的强烈兴趣。在当前快乐体育教学模式中，除去教材等条件，忽视学生主动寻找乐趣的能力的培养，忽视学生创造性思维能力的培养的现象，应根据素质教育的思想予以修正。在快乐体育教学模式的实践中，有两种重要的变式，即成功体育教学和情景教学。

1.成功体育教学模式

成功体育教学模式是一种体育教学模式。其认为，在教育学领域里，成功教育的宗旨是对每一个学生负责，积极创造条件，让每一个人都获得成功的体验，都成为学习上的成功者，其实践的突破口是对教学评价的改革。传统的考试是强制性的，学生没有选择的余地，它对于基础较差的学生是冷酷的，因为他们在这种考试中常常得低分，被认为是"差生"，他们也由此觉得低人一等，丧失自信心。实际上，所谓优秀生在这种考试中也是被动和无奈的，这一切对学生来说是不可避免的。因此，素质教育认为必须创造一种评价方式，这种方式是不带强制性的，是每一个学生乐于参与的，就像节日的猜灯谜一样，融自愿性、竞争性和激励性于一体。当前，这种评价的方式就是在教学的过程中，只要学生有积极的表现和进步，教师就应及时给予奖励（一般称为奖励分），而不论其在班上同学

---

①郑杰英.快乐体育教学是实现初中体育教学目标的新途径[J].考试周刊, 2016,
(5): 2.

中实际所处的能力水平如何。在学期终结的时候，教师把统考分与奖励分按照一定的权重合成，给出学生的终结性评价。这种评价特征是，奖励性评价是为了提供更多的机会，促使学生发现自己、发展自己，建立起学习的信心；奖励性评价的标准是个体参照标准，奖励性评价的范围是广泛的。只要有教育价值的因素，不论是知识、能力、情感、态度、创造性、独特性，都可以进行评价，并把奖励性评价"毫不吝啬"地"送"给学生；奖励性评价的主体是师生双方的；奖励性评价坚持评价的民主性，强调师生的共同参与，体现学生的主体性，提高学生的自我责任感，提高学生的自我评价能力，提高学生的心理素质。

实践证明，在体育教学中，通过自我目标的设立，通过自我的超越，学生可以获得成功的感受，得到快乐的心理体验。成功体育模式是运用运动的手段和组织措施，使每一个学生树立个体目标，通过自身的努力，使其获得成功感、促进学生身心发展的一种体育教学形式。这种体育教学模式能够有效提高学生体育学习的自尊心和自信心。其特点是使学生通过努力不断产生自我超越感、使身心得到发展。在这种教学模式中，教师可以根据学生个体差异选择和设定场地、器材与规则等。这种教学模式的适应条件较广泛。其基本教学程序：教学诊断——设立自我目标——超越自我——教学评价——体验成功。

对成功体育的评价方法，我们应该全面理解，对它的作用不能盲目拔高。研究表明，通过奖励分数、通过自我的超越让学生体验到成功的方法在低年级比高年级更有效；长期效应不如短期效应好。可见，这种方法也不是万能的，主要还是使学生的学习从外在的动机尽快过渡到内在的动机。

2.情景教学模式

情景教学模式是教师根据教学内容和学生的实际，通过设置相关的故事情节、场地器材和情感氛围，提高学生体育学习的情趣，从而发展学生的基本活动能力、发展学生体育兴趣的一种教学形式。这种教学模式通过理解、尊重、参与的作用能够有效提高学生学习的兴趣。其特点是通过情景设计使学生形成兴奋中心，从而获取最佳的注意力。情景教学模式能够有效提高学生学习的兴趣，其特点是使学生身体素质在"不知不觉"中得到提高、情操得到陶冶。这种教学模式适应的群体是小学中低年级的孩童，除此外还要有适宜的教材。其基本教学程序：设置情景——引发运动兴趣——体验情节——运动乐趣——还原。

（二）发现式体育教学模式

发现式体育教学模式是以发展学生的创造性思维为目标、以解决问题为中心、以结构化的教材为内容、以再发现为学习方法（亦称假设法、探究法和创造式）的一种教学过程。发现式体育教学模式是以人对事物的认识规律为依据、其教学程序：教师提出问题（其难度适合学生现有水平）——组织提问或演示——实验性验证——得出结论或评价——在运动实践中体会练习。

发现式体育教学模式的条件是，学生必须有一定的科技和体育知识、技能的储备。这种模式适用于不同年龄学生的技能和体能的教学。

（三）体育小群体教学模式

体育小群体教学模式也是主体性体育教学的重要形式。自素质教育改革以来,为了发展学生的社会性,提高教学效率,便产生了小群体教学活动的模式。研究表明,学生在学习中有希望结友、交流情感、讨论问题的需求,这实际上是学生发展社会性的需求。我们可以看到,一堂好的教学课,教学中学生所接受的信息不完全来源于教师,还来源于同伴,学生得到的信息量要大于教师的输出量。如果教师启发得当,课堂气氛活跃,师生都会迸发出很多闪光的思维火花。

体育教学中的小群体教学模式是把学生自然分成若干个学习小组,在教师的指导下,教师与学生之间、同组学生与学生之间、小集团与小集团之间通过运动、相互切磋与观摩,从而提高教学效率的一种教学模式。在这里,体育教学的分组既是坚持从实际出发所采取的组织措施,也是小群体教学模式中学习集团的基本形式。体育小群体教学模式的小集团指根据学生的实际,按照区别对待和有利于集团学习的要求所采取的组织分组。体育小群体教学模式的基本教学程序:教师提出要求——小集团组成——小集团学习——集团间活动——集团解散。

这种教学模式还存在着一些尚且不能处理好的问题。例如,集体教学和个别教学的关系,教师与学生群体的关系,集团"领导者"的产生与能力等。

体育小群体教学模式的主要变式是合作竞争教学模式。重视竞争与协作并重是素质教育对全面发展教育的发展。为了使学生适应未来学习的发展,素质教育重视现代竞争的意识,同时注重协作意识的培养与评价。从发展趋势来看,社会的组织和企业越来越趋于大型化、社会化、国际化,作为社会一员、了解周围的世界,与周围的世界协调工作,是个人生存必不可少的意识和技能。

在这里，我们不是仅颂扬协作，而忽视竞争。实际上，竞争与协作对工作效率的共同影响是不言而喻的。在实际工作中，有些人倾向于竞争，有些人倾向于协作；从工作的性质来看，有些工作适合于成员进行竞争，有的则必须通过彼此的协作才能完成。研究者通过综合分析发现，若工作比较简单，群体成员都能够独立完成全部工序，则个人竞争比群体协作有更好的工作成效；若工作比较困难，且一部分成员不能独立完成全部工序，则协作更优些；若团体中成员的态度与情感属于群体定向，且组织目标明确，也适合于协作；若成员的态度与情感属于自我定向，且工作本身缺乏内在兴趣，则个人竞争更能激发工作热情。可见，竞争和协作是有一定的"条件"的。

素质教育不仅要培养人的竞争和协作的意识，而且要培养人对竞争与协作的选择，甚至方法与技巧的选择与运用，以适应未来社会的需要。对于了解和善于协作者来说，人们经常用"集体情商"来描述一个人协作的能力。这种观点和实践在体育教育中越来越被教师所理解和接受。

总之，合作竞争教学模式旨在教师的指导和学生的参与下，通过运动的手段，利用适宜的条件，创造一种较为复杂的运动环境，使学生们通过个人的努力或与同伴进行协作，克服困难，完成任务，促进学生合作与竞争意识双重发展的一种教学模式。这种教学模式能够促进学生合作能力与竞争意识的发展，其特点是师生共同参与，使学生在运动中学会合作与竞争。这种教学模式的适应条件是根据教材特点，低年级更适宜合作，高年级更适宜竞争。其教学基本程序：分组——设置问题——寻求解决方法（可以多个）——协调合作——竞赛——体验合作乐趣。竞争与合作模式的不足：不利于技能教学，教师不容易控制教学的方向。

　　以上，我们所归纳的都是一些相对独立的有特色的模式。这些模式是为了实现某些教学目标。但是我们建立的模式不是体育教学改革的终极模式，它还会随着我国体育教学改革的深入而不断发展。在对这些教学模式进行初步探讨之后，我们还是需要指出，这些模式的发展还不是很完善，且有待于继续深入探索。从发展的角度看，突破教学模式，也是教学和研究的需要，"建模"是为了"无模"说的就是这个道理，"建模"表示一种相对的成熟和稳定，"无模"是一种突破和发展。根据新的学校体育思想，我们应善于总结教学经验，使我们体育教学模式的发展更加完善。

第二节　体教融合的内涵

一、体教融合政策视角

　　2020年，在有关文件中提到以下几点：

　　（一）紧紧围绕"健康第一"理念；

　　（二）通过学校体育与教育部门的深度合作，形成思想、目标、资源和措施等四方面的融合；

　　（三）逐渐形成"双轨合力、体大于教、教快于体"的国民教育体制，构建学校、家庭、社会三位一体的"互联网+"运动健康创新模式；

　　（四）强调改变过往"体教结合"陷入的"金牌论"和"文凭论"的对立博弈。

二、关于体教融合的研究

目前关于体教融合的研究多聚焦于其理论、方法、现状和实现路径等分析，表现为：

（一）实际情况来看

一方面，我国培养了大量的优秀运动员，但随着年龄、伤病、赛制、器材、项目人数限定等多重因素影响下[1]，优秀运动员不得不选择退役，退役运动员就业需要相关部门完善保障机制。另一方面，我国体育教师队伍建设存在地区差异，由于升学观念、体育教师专业能力、体育教师待遇等方面影响，师资严重不足成为阻碍学校体育实践发展的一个重要因素。

（二）从融合机制来看

体教结合与教体结合存在目标体系不同、竞赛体系以及人才培养体系不兼容的问题，且这些不同共同构成体教融合提出的背景[2][3]。

---

[1]周慧敏，朱欢，李三三.优秀运动员退役转型路径探讨[J].体育研究与教育, 2014, 29 (1)：33-35.

[2]李爱群，吕万刚，漆昌柱，等.理念·方法·路径：体教融合的理论阐释与实践探讨——"体教融合：理念·方法·路径"学术研讨会述评[J].武汉体育学院学报, 2020, 54 (7)：8.

[3]钟秉枢.问题与展望：体教融合促进青少年健康发展[J].上海体育学院学报, 2020, 44 (10)：8.

（三）从学校体育本质功能来看

需要紧扣体教融合的特质，既要尊重体育学科的规律，又要尊重教学的一般规律；既要尊重体育教学的特殊规律，又要重视体育教学的普遍特征。改变落后的体育教育观念与方法，培养学生学科核心素养，不仅要具备很好的教学能力，而且更重要的是具备"育人"能力，转变角色，真正成为一名"育人者""教育者""体育与健康教师"，展现出体教融合的特质[①]。

（四）从体教融合目标与体革方向来看

提出学校体育的改革方向：改革体育竞赛模式、师资聘用模式、考核评价模式和体育教学模式[②]。

在学校体育课程中，有关部门希望通过"考试指挥棒"来使学生个人、家庭、学校、社会等主体养成主动参与体育运动的观念，同时也希望我国学校体育工作者，在根植传统、比较借鉴的前提下，进行创新性、系统性地创造构建学校体育发展体系。如2016年有关部门颁布了相关文件，在文件中明确指出将体育作为中考的必考项目并在全国高校中推行；2017年有关部门提出了对中小学校体育督导评估结果，并将其作为干部考核、学校问责和实施奖励与惩罚的重要参考；2019年有关文件要求除体育免修学生外，未达体质健康合格标准的，不得发放毕业证书；2020年有关部门发布了相关文件，强调从2020年起不再组织高校进行自主招生，并进一步深化体

①朱亚成，季浏.关于提升我国青少年体育素养研究的文献综述[J].浙江体育科学，2020，42（1）：8.

②王登峰.新时代体教融合的目标与学校体育的改革方向[J].上海体育学院学报，2020，44（10）：5.

育在综合素质考核中的作用。为了改进学校体育工作，促进实践发展；2020年有关文件提出，要完善成果评估、加强流程评估、拓展价值评估和完善综合性评估体系。在校园体育竞赛方面，2018年有关方案提出，要加大对青少年群体的室外运动、健身等方面的投入，不断推进各种公共健身场所对未成年人的对外开放，并积极指导、扶持各种形式的青少年群体的体育运动；2019年有关文件要求构建社会化、网络化的冬令营制度，使青少年的体育赛事活动更加多样化，并在社会上形成了一定的体育精品赛；2020年有关文件要求统筹抓好校园足球发展，制定全国青少年校园足球八大体系建设行动计划；2020年8月，有关部门先关文件通知各部门要整合学校比赛、各年龄组系列比赛等各级青少年体育比赛，设立分学段（小学、初中、高中、大学）、区域（县、市、省、市、市）四个层次的体育比赛，并在业余活动期间组织校内比赛、周末校际比赛，节假日组织区域和国家比赛。

第三节　学校体育发展的矛盾及困境

一、学习体育工作的主要矛盾

在解放和发展生产力，消除贫困解决温饱的过程中，体育显然不是国家、社会、家庭和个人的最基础需求，虽然有奥运金牌振奋民族精神的需求，但在教育领域，体育重要性较低在所难免。经过半个多世纪的发展，当前在我国学校教学过程中学科课程和术科课程的地位显著不同,学生评价以及相关的招生政策也极其偏重学科知识,对术科技能的教学、评价则一直未引起足够重视,这一状态一直延续至今,学校体育的各项工作也因此受到制约和影响。学生在体育学习过程中投入的时间、精力有限,学生的体育体验普遍停留在较低水平。当前,吸引学生兴趣和注意力的因素增多,体育活动的吸引力正降低,面对不利局面,体育教师积极实施应对策略。

当前,学校体育工作存在以下主要矛盾:

第一,时间、精力矛盾,学生体育参与时间与文化学习时间、休息、放松时间的矛盾。对学生而言,参与体育活动的时间与文化学习以及休息、放松娱乐的时间是不可调和的矛盾。积极的体育参与意味着文化学习时间以及休息时间的减少,还会面临文化课教师、家长的干预和指责。面对愈演愈烈的各阶段升学竞争,学生、家长、升学重要权重课程教师都会齐心协力压制非重要课程时间。虽然有大量的科学研究者证实,适当的体育活动不但对身体、心理健康有益,也对文化学习有益,学生的学习过程需要劳逸结合,但在具体实践中,体育的作用和益处常常被忽视,体育的价值并未充分体现。

第二,认知矛盾。体育专家学者与体育教师、其他教师以及学校教育管理者对体育的认知存在矛盾,进而影响其在学校体育实践中的态度与行为。体育专家学者、部分教育专家以及国家教育行政管理主体对学校体育的认识是深刻且重视的,都强调体育对学生成长的重要。然而,大部分基层教育管理者、其他教师群体非但不重视,还存在普遍的轻视行为。同为教育者,对待学校体育的认知矛盾造成了学校体育实践工作的困境。

第三,学生对体育的"爱恨矛盾"。大部分学生都喜欢体育,除了参与,观看体育赛事也是很有乐趣的事情。然而,在体育课中,在为了跑得更快，技术更熟练的过程中，需要付出艰辛的努力，在咬紧牙关的紧要关头，挑战体能极限的过程中，对体育的"爱"可能会动摇，有时非但不爱，可能还刻意逃避和充满厌恶感。学生对体育既爱又恨的矛盾心理是普遍存在的。他们爱体育的自由、激情，享受体育的乐趣，但是也逃避运动中的身心疲惫与心力交瘁。学生对体育的"爱恨矛盾"的原因在于，流畅、自信的运动技能需要时间的累积，从枯燥、挫折、失败的运动起始阶段进阶到有趣、顺利、成功的高阶阶段不是一蹴而就的。很多学生止步于运动的起始阶段，没有练习量和身心体验的累积，运动的趣味性自然不足，很难对具体项目产生真爱。

二、问题的政策赋权与实践困境

体育作为学校教育的重要内容，在教育不断变革与发展中没有找到应有之位，甚至迷失了方向，举步维艰。近年来，随着学校体育改革步入"深水区"，面对各种复杂性因素和不确定性因素，局部悲观消极、抱怨排斥、急于求成等不良心态的滋生，导致政策执行的变相迎合和盲目照搬的做法，致使学校体育政策执行效果出现落差甚至反差问题。[①]理论层面，学校体育的指导思想、功能、价值、目标等基本问题存在多种声音，在体育内部存在争议，难以形成共识并向外突围。实践层面，一方面要承担青少年身体素质部分指标不断下降的质问，另一方面被边缘、被挤占，还要承担

[①]何劲鹏，杨伟群.我国学校体育政策执行"不良心态"本质透析与制度性化解

[J].北京体育大学学报，2018，41（2）：7.

学生身心健康的重担，要在不断激烈的文化学习与考试的夹缝中艰难前行。为此，国家连续出台有关学校体育、青少年体质健康的文件、政策来指导学校体育工作，以期扭转青少年运动参与不足、部分体质指标下滑，以及健康状况频出的问题。

（一）体育健康问题的政策赋权

在1999年—2019年期间，中共中央、国务院发布体育文内容涉及青少年体质健康。

党和政府对青少年体质健康高度重视，从体育文件中涉及青少年体质健康内容来看，我国青少年体质健康政策走过了由宏观认知到务实实施的过程，2014年以前是宏观性的，主要是针对青少年体质健康重要性的认知，强调对青少年体质健康认识上的思想高度；2014年以后是务实性的，执行层面的，更多侧重实操性，强调落实提升青少年体质健康的具体举措。[1]

（二）体育健康问题的实践困境

借助于体育必修课、体育科目纳入中考测试以及学生体质健康测试等刚性制度，在一定范围和程度上确实有助于缓解青少年体育参与不足的现状，无论是强化课程改革还是"自上而下"的政策，当前的实施效果仍停留在对"开足开齐体育课，保障基本的体育场地设施，专项化体育教学"的口号追逐层面。"应试体育"和学校体育惩戒政策的出台和升级，有效地改善了学校体育的硬件设施，但

---

[1]刘德海, 徐呈祥.我国青少年体质健康政策研究[J].青少年体育, 2022, (6)：41-42.

依然难以破解青少年体育参与的内生动力不足的问题。②除了文化学习，学生课余时间被网络游戏、碎片化娱乐讯息侵占的现象相当普遍，尤其是智能手机和高速互联网的普及，娱乐方式便捷化、虚拟化（一些虚拟体育赛事游戏，也会带来兴奋、着迷等心理体验），娱乐内容多元化、低俗化（海量的推送、便捷的获取，总有一款吸引你），娱乐有理、娱乐至上（大家都在玩，谁能抵御这样的诱惑），网络与虚拟游戏的吸引力大大分散了学生参与体育锻炼的注意力和精力，体育的吸引力正一步步被蚕食，运动参与不足成为这一代人严峻的问题。没有硬性的规定、刚性的约束、严格的要求，已经很难把学生留在操场。

当前，手机屏、电脑屏、电视屏（简称"三屏"）正深刻影响着人们的生活，尤其是人们对手机屏的依赖呈普遍化、低龄化、全天候趋势。当前以智能手机为源头的各种游戏、视频、图片、文字等海量信息实时更新、持续发送的时候，吸引并影响到各个年龄段的人。当前，网络的普及及其带来的久坐习惯，正深刻地影响着年轻一代的学习、工作、休闲方式。由此带来了课余时间的分配变化，最直接的影响就是课外体育活动吸引力减弱。由于对"坐姿"与"宅"式生活的影响和评估工作不足，使我们很难找出应对策略，这样的趋势随着智能手机向年龄更小的初中、小学生群体蔓延和普及的时候，由此带来的缺乏身体活动的学习、生活方式已成为基本事实。上述生活方式的变化应引起所有体育教师、学校、家长乃至全社会重视。

1917年，毛泽东在《新青年》杂志发表了《体育研究》，当时的人们已经看到了运动不足带来的后果。运动缺乏症已经是一种儿科疾病，如果没有明智的干预措施和人们认识的改变，像青少年体力活动缺乏这样的新的医疗问题将不断出现。尽管我国的学校体育具有法定性强制、规范性强制和规律性强制的特征,但学校体育教育的衰微趋势却不减反增,应唤起整个社会的共同认知。①

三、教育变革与学校体育理论之争

新时代教育理论体系中的新思想、新观点与新要求也引领和促进学校体育的理论创新与实践变革。体育作为伴随学生成长时间最长、跨度最大、身心协同性最强、实践特征明显的教育,对学生的影响也最为全面和深刻。充分发挥体育的育人功能,挖掘体育的德育素材;落实体育与德育、智育、美育、劳动教育的协同育人机制,彰显体育的育体、育心与育人的特殊价值,是每一位学校体育工作者义不容辞的责任。

(一)学校体育发展理念的讨论与革新

中华人民共和国成立后,学校体育得到了快速发展。在大家普遍认同的学生"德智体"全面发展的培养目标中,体育教育被认为是青少年全面教育的重要组成部分。

20世纪80年代以后,中国体育界开展了激烈和持久的讨论,其中影响最大的就是"真义体育"学派及其相关理论的主张,关于真义体育的讨论对学校体育的发展影响巨大。将增强学生体质定位为学校体育的根本任务,目的很明确,指向很清晰,完全符合学校体育

①刘阳,何劲鹏.学校强制体育合理推进的现实因由与实践价值[J].沈阳体育学院学报,2015,34(6):125-128.

工作实际。"以增强体质为中心"的观点得到进一步认识和深化,也引起了学术界广泛反响。

随着学校体育改革的持续深入,关于"体质中心论"的研究、讨论越来越多,许多学者开始对"体质中心论"的观点提出了质疑。认为教育面向现代化、面向世界、面向未来,培养德智体全面发展的人才,是学校教育改革的出发点和归宿,也是体育教学改革的目标所在。①学校体育课程教学应该以"三基"(基本知识、基本技能、基本技术)的教育教学模式为主,尤其是应该作为中小学学校体育课程教学的基础,中小学体育"三基"教育水平高低,直接影响到学生"终身体育"的形成。从"体质中心论"逐渐演变成以"三基"为主体的学校体育,实现了学校体育改革和发展的又一次重大转换。在这一重要的转换时期,学校体育更加趋向于关注"人本位"的自身发展及体质增强、健康增进。体质仍然是重要的内容,增强学生体质,培养学生的运动能力和良好的思想品质,促使其成为具有现代精神的德、智、体、美全面发展的人,仍然是当时学校体育的根本目的。从关注学生本位的体质中心问题,到"三基"教学模式,都是学校体育理论深入、实践持续改革的结果。总而言之,从"体质中心"到"三基"的转换,符合教育事业改革发展的演进规律,在我国学校体育改革发展史上具有里程碑式的意义。

国内有关学者在回顾总结40年来学校体育思想与学校体育实践发展的变化中指出,1978—1992年为体质教育为主阶段。此阶段体质教育占主流地位。代表性的观点是,体育是增强人民体质的教育,体育应"把着眼点放在人体发展上,以身体发展为目标,以运动行为为手段,讲究目的与手段的一致性,追求增强体质的实效"。1993—2016年为体质教育与体育教育交错阶段。虽然此时体质教育思想深入人心,可体育的教育性也逐渐被接受和认同。从1999年到2007年多份重磅文件的颁布,对学校体育工作产生了重大影响。此阶段占主流地位的是"体育教育",强调体育的教育性。代表性的观点是,以身体活动中的大肌肉活动为手段而进行的教育,即体育。概括而言,体育不是有别于或是脱离精神的身体教育,而是包括身体在内的对人的全面教育。学校体育是为了"增强学生体质,促进学生身心全面发展,培养学生从事体育运动的意识、兴趣和能力,提高体育素养,为终身体育奠定基础"(赖天德)。这一时期,学校体育实践过程中出现了明显的体质教育与体育教育相互交错。其间还带有素质教育和应试教育的角力,出现了素质体育轰轰烈烈,应试体育扎扎实实;素质体育喊在口头上,应试体育落实在行动上的情况,造成了学校体育目标与教学的争议与困惑。

值得一提的是,体育课程的学习者如果仅以增强体质、增进健康为最终目标,难免会导向极端,因为最有效的途径是可以忽略丰富的、作为实体性存在的运动项目(作为保留和传承的运动文化),寻求最简单、直接、快速的手段——体育课程只设置跑步(耐力、速度)、杠铃(力量)等内容,来达到目的。如此,体育课程将难免成为一门教学内容单一、技术含量不高、指导水平粗放的课程,其育人的功能也将大打折扣,学习者对于体育课程的体验和经历无疑也是枯燥、乏味的,也无益于终身体育思想的形成。[1]总而言之,上述讨论和争议区别对待了技能、体质、身心健康、育人、竞赛等问题,显示出我国学校体育理论的进步,也反映出理论界对学校体育基础

---

[1]纪成龙.身体的重构:对当前体育课程问题的反思[J].上海体育学院学报,2018,42

(2):94-99.

问题的重视。学术争论是好的，但是长期争论、没有定论却是有害的，不能在一定时期达成有效共识，就不会形成合力，就没有向外传递的力量。关于学校体育发展理念的持续争论和变化，反映出学科基础的薄弱和不稳定。

（二）素质教育改革与学校体育发展的问题

随着基础教育的不断发展，竞争也愈加激烈，尤其是对文化课分数以及升学率的追求，学生投入到文化课学习的时间精力越来越多，体育活动越来越少，由此带来了学生体质状况不断下降的严峻问题。面对这样的问题，国家在1999年6月出台了关于全面推进素质教育的决定，该决定明确提出学校教育要树立健康第一的理念，切实加强体育工作。实际上是对学校片面追求分数，忽视学生体质与健康状况的强力纠偏。该决定强调在促进人的全面发展过程中，身体、心理、社会三者和谐统一的人才培养理念，也被称之为学校体育的"三维健康观"。该决定对增强学校体育地位，重视学校体育工作意义重大，影响深远。进入21世纪，学校体育"三维健康观"进一步明晰，也更深入人心，突出表现在体育课程标准的设置和修改上。在"三维健康"课程理念的引领下，三维健康观成为学校体育理论研究与实践领域的热点、焦点。指向"健康"的"快乐体育、兴趣体育、淡化技术、淡化甄别"系列课程改革及"体验式教学、情感式教学、鼓励式教学"等系列教学模式改革不断推陈出新，新观念、新模式不断涌现，一时间令人眼花缭乱。不过，最近几年，对学校体育三维健康观的质疑日渐增多，最突出的是在"三维健康"课程改革的成效上：经过多年的改革探索，学生体质下降的趋势并未得到有效遏止，心理健康与社会适应能力的评判标准也语焉不详，说到底，"三维健康"的标准无从得到真正评判，这为新一轮学校体育改革提出了新的要求。①甚至有专家尖锐地指出："多年的体育教改不是没有成绩，但是成绩更多地停留在理念的更新、理论的创新、概念的翻新、说法的变新上。"②

20世纪90年代以后，在综合国力不断提升，对外交流不断增多的情况下，我国学校体育工作者通过学习、考察其他国家的学校体育工作。许多教学理念被引进国内对促进我国学校体育发展起到作用。但出现了盲目照搬的现象，各种国外学校体育思想你方唱罢我登场，也限制了我国学校体育发展。理论层面上的争论和对国外经验的盲目照搬，对实践工作造成了很大困扰。素质教育改革本来是学校体育大显身手和正本清源的机会，然而，实际状况是，学校体育工作并未有所起色，关于学校体育的发展理念、落实学校体育工作的实施路径等工作并未取得实质性突破。

综上所述，学校体育的理念之争导致了学校体育实践层面的无所适从，也伴随着学生部分身体素质指标持续下降，体育课吸引力越来越低之所以出现这样的理论之争，也从另一角度印证了学校体育基础理论的薄弱，学术界对学校体育基本问题的研究还处在初级阶段，学校体育理论引领学校体育实践的效果还未显现，学校体育实践中的问题，在理论层面还未有清晰的认知和应对策略。

四、体育价值，协同育人机理不清

有研究认为，体育理论建设的薄弱以及青少年体育参与乏力都凸显了追问体育价值的重要性。而价值多指涉"有用性"，因此在学校体育教育中给学生灌输的多以体育可以这样，也可以那样等。在

"有用性"的引领下,出现了把手段当目的的功利体育,当此种异化的目的一旦达成甚至连手段都不要了。把体育纳入中考,运球上篮或排球垫球本该是一种项目测试的手段,但在"体育应试"下逐渐沦落为"考啥就练啥"。①因此出现了在排球项目的学习过程中只学会了垫球技术,但不会扣球、发球,不会位置轮转,更谈不上参加排球比赛。除了应对考试,甚至从未到排球场地练习排球技术和进一步为参与比赛而主动学习,这样为考试而教、为考试而学、为考试而练,不考不教、不考不学、不考不练,考完完全丢弃、完全遗忘的体育教学意义何在?价值何在?目的何在?效果如何?这需要所有体育教师反思。单一运动技术的测试无异于身体素质测试。当排球课变成自垫球课,篮球课变成三步上篮课,羽毛球课变成发高远球课,运动项目的技术、战术、比赛、规则、竞争、乐趣被完全割裂。体育课变得枯燥乏味,其趣味性、吸引力大幅降低。本来是推动素质教育、对抗应试教育的工具,最后却被素质教育的洪流淹没和同化了。

此外,当前学校体育中出现了足球操、篮球操、武术操。运动项目的"操化"本质上是"广播体操"的另类变种。以培养学生的运动兴趣为名,在实践中大搞广播操、球类操甚至武术操的表演,有悖于运动项目情境的真实性,不利于甚至会扼杀青少年体育参与的积极性。近代教育和思想家梁启超早就对功利体育做出了"为游戏而游戏,游戏便有趣,为体操分数而游戏,游戏便无趣"的论断。因此,学校体育教育中一定要强化体育场域的独立性,远离和纠偏"体

---

① 高鹏飞,梁勤超,李磊.青少年体育参与不足的文化惯习、代际传递与现代重构[J].体育与科学,2019,40(3):48-53.

用异化"现象,让青少年在体认运动项目乐趣中促发高效习得行为发生以及运动兴趣和习惯的自主生成。

有学者指出,我国应试教育还未得到根本性扭转,基础教育择校风以及在小升初、初升高和万众瞩目的高考影响下,学校体育工作常常流于形式,轻视学校体育是我国学校教育一个长期的结构性缺陷。即便我们一直标榜"德智体美劳五育并重育人观",但实际教育内容"德智体美劳"的偏颇使整个教育偏离了培养全面发展人的主轴,甚至以青少年健康成长为代价换取考试分数。出现上述情况其根本原因在于:

(一)人们对体育价值、功能的认识并不充分,主要表现在体育对身心健康的促进、对学生人格的塑造、意志的锤炼、不良情绪的管控和释放、行为习惯的约束和养成、对团队意识的培养、规则意识、集体荣誉等特殊价值,在学校体育实践中还没有引起教育界广泛认同和重视;

(二)体育对学生身心健康的影响、对人格的完善、对意志的锤炼是长期和潜移默化的,没有立竿见影的效果,也很难用统一标准来衡量;

(三)体育对学生体力活动日趋不足的弥补、对不良身体姿态的矫正、近视的预防等价值并未有效发挥;

(四)体育与智育、德育、美育、劳动教育的协同育人作用、机理还存在理论空白与实践阻隔,尤其对体育的"育人"作用挖掘不够。[①]

---

①张志斌.新时代学校体育发展的理论变革与实践探索[M].北京:中国书籍出版社,2020.

第二章
体教融合背景下学校体育的教学设计

由于体育教育价值的体现和学校体育在学习过程中功能的充分发挥取决于不同联系的互动和不同功能的协同，因此我们必须以系统理论作为体育教学设计的指导思想，全面研究体育教学的各个环节，致力于各组成部分的紧密联系和相互渗透，以寻求最佳的整体结果。本章主要讲解了四大体育教育设计模式，从指导思想、操作程序以及优缺点进行详细讲述。

第一节 教学设计的理论概述思考

一、对教育观的思考

教学设计是对教学活动结果的预期。每个教育者都期望学习者通过教学活动，能在认知、情感或其他方面朝着教育者预期的方向发生变化，这种对学习者的变化的预期就是教学设计。它决定了教学设计的方向和教学的组织，影响教师对教学模式和教学方法的选择，同时为教师提供了检验教学效果的标准。教学设计过程蕴藏着教师的一系列的决策活动，确定以何种教学理念为依据是教师做出的一项重要决策。这一决策涉及教师对有关教育教学理论问题的思考，又反映出教师的教学实践能力和水平。教学设计的决策过程在宏观上是教师对教育理论、教学理论中的不同观点的选择过程。教师确定什么样的教学设计目标，反映了教师对教育教学观念的不同取舍。例如，教师是以知识的标准确定的教学设计目标，还是以学生的不同情况确定多层次的教学设计目标。前者反映出教师仍然是传统"教"的思想，后者体现教师是"学"的思想，体现出我国素质教育以"提高学习者能力"为目标的思想。随着我国的进步，教育的观念也发生着变化，有以下几点值得教师注意：

（一）学校教育目的既要关注社会职能，又要关注个体职能，学校教育的目的日趋多元化、多层次化。

（二）社会进步是通过个体发展实现的，学校教育目的应以人为直接对象。

（三）1993年2月我国提出了素质教育目标，这意味着学校教育的价值日益倾向于注重个体发展的需要。因此，教师在确定教学设计目标时，应对学生的发展需要给予更多的关注。[1]

二、对知识观的思考

教学应以向学生传授知识、技能为主，还是以发展学生的能力为主，这是教师对教学意义的不同认识的反映。两者之间的选择是区分教师是传统教学观还是现代教学观的分水岭。不同的观点不但影响着对教师教学设计目标的选择，还影响着教师对教学内容和教学方法的选择。

当前世界教育发展的趋势，现代教育教学理论愈来愈重视发展

---

①杨春越，林柔伟，蒋文梅.体育教学设计与实践[M].延吉：延边大学出版社，2017.

学习者的能力。在相关教育书籍中,作者提出了教育目标的新的三级层次,反映了重视学习者行为与能力的培养的新趋势,如图2-1所示:

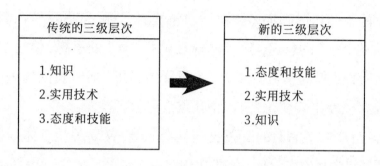

图2-1 新教育目标的三级层次

此外,在20世纪90年代中期出版的相关教育书籍中,作者提出了教育的四大支柱:①学会认知;②学会做事;③学会共同生活;④学会生存。其中,对"学会认知"的解释是:"这种学习更多的是为了掌握认知的手段,而不是获得经过分类的系统化知识。为了解知识而学习,首先要求要学会运用注意力、记忆力和思维能力来学习。"这种变化趋势反映了社会对现代人更高的要求,为了满足人们发展的要求,教学中就必须重视对学习者能力的培养。

上述论述揭示了教师对"知识观"的不同理解影响其对教学设计的选择。有关专家根据人们提取知识的方式,将知识划分为陈述性知识和程序性知识。在该理论的基础上,相关学者提出了广义的知识观。他将知识分为三大类:语义知识;程序性知识;策略性知识。语义知识是指个人关于世界的知识,与陈述性知识的含义基本一致;程序性知识是指用于具体情境中的技能或步骤;策略性知识主要涉及学习者学习的方法和解决问题的一般策略,包括调控自己学习的策略。随着人们知识观的变化,人们对技能、智力、学习的理解也随之变化。在大知识观中，"知识"不仅包括知识的储存与提取，还包括了知识的应用过程。这种观念的变化影响着教师对教学目标的确定：首先，教师必须先意识到知识观的变化，并且能接受新的观念；其次，教师应能理解新的观念对教学产生的影响，如教师需要重新界定"掌握知识"的意义，对"掌握知识与发展能力"之间的关系也需做新的探究；最后，教师应以现代知识观指导教学设计的确定，划分教学设计的层次。

三、对学习者的思考

教学设计是对学习需要的"怎么学"和"怎么教"进行分析，其目的是为了提高学习效果，而学习效果是否可以提高，归根结底要看学习者能否根据自己的特点来进行学习。要取得教学设计成功，必须进行学习需要分析。学习需要分析，是指学习者学习方面目前的状态与所期望达到的状态或应该达到的状态之间的差距，期望学习者通过学习之后应当具备的能力素质。依据课程标准和教材内容，围绕知识与技能、过程与方法、情感态度与价值观三个维度，确定课程的教学设计。

学习需要分析是一个系统的调查研究过程，依据学习者的生理、心理特点、已有知识和能力水平，对学习者的知识、技能和经验现状与期望所要达到的状态进行分析，是对教学目标、学习内容、学习任务的范围等纵向及横向的关系进行详细剖析的过程，其目的在于揭示学习内容的广度和深度，以及各知识点之间的本质联系，从而揭示教学之间的联系，有从属的知识关系、并列的知识关系之分，即"学什么"有关各知识点之间教学安排的顺序。分析的内容为:首先找出教学中将要学习的知识点;其次鉴别知识点的类别;最后分析学习任务,解决"怎么学"的问题。分析的步骤为:①班级情况分析;②学生年龄、心理自然情况分析;③学生学习基础分析;④学生差异分析,从而解决"怎么教"的问题。

需要指出的是,虽然教材编写者努力向学习者的认知特点靠拢,但由于学习者需要的不同及差异的复杂性,导致很难取得一致。因此,教学设计不能完全按照知识排列的顺序,按部就班地进行,必须依靠对教学对象的分析与教学内容的组织以及选择达到目标的合适教学方法和媒体科学组块,才能使学习者达到预期的教学目标。因而,学习者的需要既是课堂教学设计的起点,又是课堂教学设计的归宿,切不可忽视。

四、对教学设计的思考

教学设计的基本环节是什么? 国外某学者在研究学习目标中指出:教学设计由三个基本问题所组成。首先是"我要去哪里",即教学目标的制订;接着是"我如何去那里",即包括学习者起始状态的分析、教学内容的分析与组织、教学方法与教学媒介的选择;再就是"我怎么判断已到达了那里",即教学的评价。就是说,教学设计是由目标设计、达成目标的诸要素的分析与设计、教学效果的评价所构成的三环节六要素的有机整体,如图2-2所示。

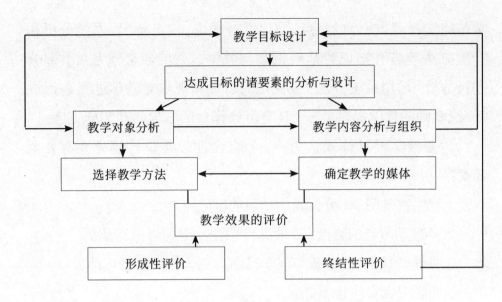

图2-2 教学设计流程图

　　关于教学设计的过程,目前有许多不同类型的理论模式,决定教学(学习)效果的变量是极其复杂的,影响教学设计的理论因素也是多方面的,因此教学设计也就不可能找到一个成熟的、包罗万象的学习规律作为唯一理论依据。现把一些其中最具有代表性的肯普教学设计模式、迪克·凯里的系统教学设计模式、史密斯和拉甘教学设计模式等加以简介和分析,提供参考借鉴,为广大体育教师实施有效教学设计在学习需要或目标、学习内容、教师、学生、教学资源可行性分析、教学策略与教学媒体选择、教学环境与教学评价等方面提供较为系统完整的理论依据。

(一) 肯普教学设计模式

　　肯普在美国教育技术界享有盛名,肯普教学设计模式具有操作性强、教学设计理念先进(体现在教学目标归类、教学内容排序、教学策略选择等方面）的特点。它以学习理论、信息技术、系统分析和管理方法等各种知识为基础把参与教学过程的要素分为九个部分进行分析。运用系统方法、最优化的思想和观点对教学过程进行设计，给教师的教学提供了一个具有可操作性的教学活动实施方案。

肯普教学设计模式认为，一个综合性教学设计规划要有九个要素：

1.辨明教学问题，分析教学项目的目标。

2.考察学习者的特点，教学设计中注意学习者的特征。

3.明确学科内容，分析与教学目标有关人物的各组成部分。

4.向学习者交代教学目标。

5.在每个教学单元中将内容安排程序化，以体现学习的逻辑性。

6.设计教学策略，使得每个学习者都能有效地完成所要求的内容。

7.根据教和学的模式，设计教学信息和传递方法。

8.设计评价工具，用以评估目标。

9.选择支持教学资源，支持学习活动。

如图2-3所示，肯普把以上九个要素归纳成三个圆组成的图形，指出了环绕在要素周围的调整过程。外层的两圆向我们说明了在设计开发教学的任何时候都允许对要素的内容和处理方式进行改变的反馈特征。例如，当在教学试验过程中收集到了学习者的数据资料（这称之为"形成性评价"）或在课程结束时收集资料（这称之为"总结性评价"）时，要素的处理方式可能会需要修正。如果你希望学习者取得最佳成功，在令人满意的水平上完成教学目标，它就会帮助你对已发现的计划中的薄弱环节进行改进。

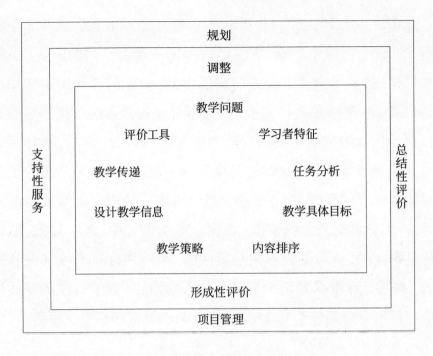

图2-3 教学设计规划的成分

从肯普模式概要可看出,教学设计是从学习者的观点来考虑教学,而非传统的从内容的视角来考虑教学,明确其为学习服务的教育本质。它包括了许多影响学习结果的因素,现把其涉及的要点进行分析,以供参考借鉴:

①学生达到目标需要什么样的准备水平(学习者特征)?

②成功的学习需要什么样的支持?什么媒体或其他资源最为合适(教学条件)?

③你希望如何最有效地学习学科内容和技能(教学策略)?

④如何确定目标是否有效达成?如何确定学习完成的程度(评价程序)?

⑤如果教学计划的实际试验与预期设想不符,有必要进行哪些调整(教学管理)?

从图2-3可以看出,肯普模式教学设计的环节和要素并非单向流程,而是一个循环系统,它包括许多影响学习结果的因素。虽然九要素构成了一个逻辑的、顺时针的序列,教学问题处于钟形图的起始位置,但教师在选择要素、操作顺序及各要素时可灵活掌握,可根据他们认为的逻辑的或合适的顺序进行设计。例如,教学目标虽是教学设计首要环节,但它往往受制于教学对象、教学内容的分析与教学效果的反馈。教学对象、教学内容的分析往往是确定微观教学目标,如课时目标的依据。在课堂教学设计中,教学对象、教学目标是确定的,而教学内容则是灵活的,因此线性只是教学设计的基础,教师只有根据教学大目标分析教学内容,教学对象的开放性才能制订出合适的教学分目标,否则其教学分目标易失于平衡。

(二) 迪克·凯里教学设计模式

迪克·凯里教学设计模式独树一帜,其独特魅力在于,该模式最大的特点是着重面向第一线教师,教学流程设计系统、简明扼要、上下连接、相互作用,每一步骤都有其自己在实践中的反馈和整合,为下一组成部分的发生创造可能,以共同达到目标。迪克·凯里的教学设计模式最接近教师们的实际教学,即在课程规定的教学内容、教学目标的条件下,研究如何传递教学信息。因为大多数教师无法改变现有的课程及所规定的教学内容和教学目标,他们只能在微观上研究"如何教"的问题,即怎样更快、更好地组织教学信息并用有效的方法传递给学习者。所以,该设计模式的步骤和环节比较符合教师的实际教学情况,也比较详细具体地贴近教学,为我们掌握基本的教学设计程序和规范提供了良好的基础,具有很强的实践意义。其教学设计模式具体，如图2-4所示。

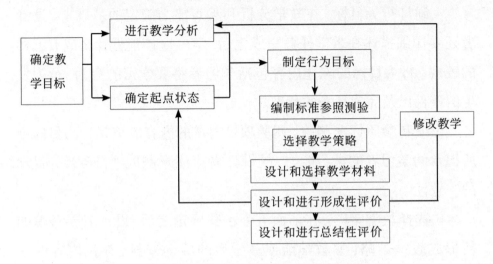

图2-4 迪克·凯里教学设计模式

其具体内容分析如下：

1.确定教学目标。教学设计的第一步是确定在教学之后学生应该能够做什么。教学目标的依据有：①教学目的；②学生需求评估；③现实中的学习问题；④工作分析或其他一些因素。

2.进行教学分析。在教学目标制订后，设计者要确定目标中包含的学习类型，以及分析完成目标任务所需要的步骤。同样，设计者也要对完成目标能力所需的子技能进行任务分析，通过这种分析，可以得出完成这一目标所需要的能力或子能力，以及这些能力之间的关系。

3.确定起点状态。除了目标能力中的子技能和任务操作的步骤外，设计者还需要明确在教学之前学生必须先具有何种知识或技能。这并不是将学生所具有的知识和技能都罗列出来，而是针对这一目标的教学工作学生应该具备何种知识。同样，设计者还应明确对本教学活动将有重要影响的学习者的其他特征。

4.制订行为目标。在教学分析和起点能力确定的基础上,设计者还要详细描述在教学任务完成之后,学生应该能做什么或有怎样的表现。行为目标的陈述内容包括学习者将要学习的行为,行为发生的条件以及完成任务的标准。

5.编制参照标准测验。测验项目测量的内容应该是行为目标中所揭示的学习者的学习能力,故设计者应注意测验项目与行为目标的一致性。

6.选择教学策略。在前面五个步骤确定之后,设计者要考虑如何形成教学策略,如教学前或教学后的活动安排,知识内容的呈现,练习、反馈和测试等。

7.设计和选择教学材料。在确定运用何种教学策略后,设计者需要考虑采用何种教学材料,进行何种教学活动,如材料准备、测验和教师的指导等。选择这些材料、活动依赖于可利用的教学手段、教学素材和教学资源等。

8.设计和进行形成性评价。其形式可以是个别、小组和全班的测试。每一种评价的结果都为设计者提供可用于改进教学的数据和信息。

9.修改教学。在形成评价之后,设计者总结和解释收集来的数据,确定学习者遇到的问题以及发生这些问题的原因,并修改教学步骤。修改教学还包括对行为目标进行重新制订或陈述,改进教学策略和方法,从而实现有效教学。

10.设计和进行总结性评价。尽管总结性评价是确定教学是否有效的步骤,但由于这一步骤是评价教学的绝对价值和相对价值,是教学结束时所进行的,并且通常总结性评价并非由教学设计者来设计执行,因此这一步骤通常不被认为是教学设计的过程中应做的工作。

(三)史密斯和拉甘模式

在最一般的意义上说,教学设计者的任务是要回答三个基本问题:①我们要到哪里去?即教学的目标是什么?②我们怎样到那里去?有什么样的教学策略与媒体?③我们如何知道是否达成了目标?即如何检测?如何评估与教学调整?如果将以上三个问题明确为教学设计人员在设计与开发过程中要做的事情,那么分别是:①实施分析以确定我们将到哪里去;②开发教学策略以确定我们如何到;③开发与实施评价以确定我们如何知道是否达成了目标。所以史密斯和拉甘将教学设计过程划分为三个阶段:分析阶段、策略阶段和评估阶段。在第一阶段,分析学习环境、学习者、学习任务,制订初步的设计栏目;第二阶段,确定组织策略、传递策略、设计好教学过程;第三阶段,进行形成性评价,对预期的教学策略予以修正。这些内容绝大多数教学设计模式都包括其中。但史密斯和拉甘的教学设计模式突出了情境分析,按照组织、传递和管理三个类别来讨论策略是其新颖之处,具体如图2-5所示。

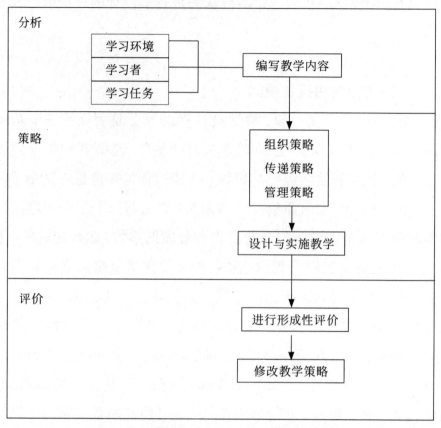

图2-5 教学设计过程模式（史密斯和拉甘）

史密斯和拉甘强调指出，在教学设计活动中，要保证教学目标、教学策略、教学评价三者之间的匹配一致，所谓"匹配一致"，就是指教学策略（方法）、学习任务（目标）与是否达到学习结果的检测互相吻合的和配套的问题。例如，我们教学设计的一项"篮球四角传球"，显然，这个学习任务学生有无能力完成，与之相匹配的教学策略、教学环境能否和教学做到具体目标、学习活动手段之间浑然一体，这种匹配一致对教学设计非常重要。

其具体内容分析如下：

1.分析情境、学习对象与任务阶段

在这个阶段,要回答的问题有以下这些:

（1）学习者对学习目标有兴趣吗?通过什么方法来吸引他们?

（2）所有的学习者都需要达到相同的目标吗?应该怎样因材施教?

（3）为了掌握新的知识技能,学习者需要有什么样的基础?

（4）如何评估学习者是否达标?是采用书面测验,还是通过实践考核?

2.选择教学策略阶段

教学策略的选择同促进学习的多种因素有关。如设计确定与教学目标相关的学习内容,教学活动的组织安排及先后序列,教学媒介的选择与运用等。在这个阶段,要回答以下一些问题:

（1）学习者要掌握哪些学习内容?内容的呈现应该采用什么样的模块?进度快慢如何加以控制?是先学习新课,还是先安排复习或练习?

（2）学习者参与的形式与活动要求发挥什么作用?扮演什么角色?是不是需要安排课外作业和讨论等活动?

（3）教学活动的先后序列是如何妥善安排的?先采用"练习"还是先采用"讲解"的方法?如果采用讲解方法,那么,按照什么顺序来讲解呢?

（4）什么样的媒体最能起到支持教学的作用?如果没有这样的媒体教学在实际中是否可以用其他辅助工具代替?需要课前预习阅读教学参考书吗?

（5）学习中是否需要进行分组?学习活动是个人学习为主还是分组学习或大班活动为主?

3.评价阶段

评价既包括了对学习者的评估,也包括了对教学的评估。评价活动时,教师要制订评价的计划以明确学习者在学习结束后,哪些方面应该得到改变。具体来说,要回答这些问题:

(1)教学内容与教学目标是否准确无误?由于新教育理念、新知识的不断更新,原来的教学内容是否得到了及时的更新或补充?

(2)为了解教学中还存在的不足,我们需要什么形式的反馈?

(3)针对教学中还存在的不足,应该怎样去调整?

(4)每次教学后都会进行反思性的总结吗?

(四)加涅的学习信息加工模式

20世纪70年代,加涅开创了根据人类信息加工模型来设计教学过程的成功范例。这个模型几十年来便成为学习的信息加工模式的一个典范。尽管学习信息加工模式还是假设性质的,现有的脑科学研究还没有充分揭示其神经生物学特点和空间定位,但是学习信息加工理论越来越受到重视——长时记忆的信息储存的方式与特点(不仅认知领域,包括元认知领域、情感态度领域和动作领域所习得的一切,都同长时记忆有关)以及工作记忆的方式与特点,为教学设计提供了日益有力的心理学依据。下面把学习信息加工流程进行简介,以帮助大家认识与实施信息加工理论。

1.学习的信息加工流程

加涅认为教师既是教学活动的设计者和管理者,也是学生学习效果的评定者。教学程序必须根据学习的基本原理来进行。为此,加涅认为每一个学习动作都可以分解为八个阶段,具体如图2-6所示。

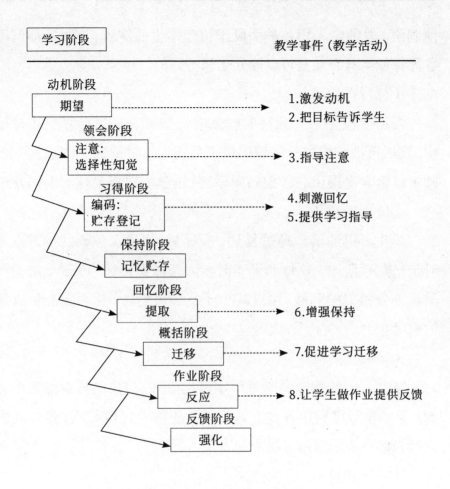

图2-6 学习的信息加工流程(加涅)

（1）动机阶段

教育中,首先要考虑激发学生学习活动的诱因动机,它是借助于学生内部产生的心理期望过程而建立起来的。为了使学生形成理想的期望,教师应做出安排使学生达到某种目标,以便向学生表明他们能够达到预期的目标。

（2）领会阶段

有了学习动机的学生,必须注意与学习有关的刺激,而无视其他刺激。教师应采用各种手段来引起学生的注意,同时外部刺激的各种特征本身必须是可以被分化和辨别的。

（3）习得阶段

习得阶段是对新获得的刺激进行知觉编码后贮存在短时记忆中,然后再把它们进一步编码加工后转入长时记忆中。此过程中,教师可以给学生提供各种编码程序,鼓励学生选择最佳的编码方式。

（4）保持阶段

学生习得的信息经过复述、强化后,以语义编码的形式进入长时记忆贮存阶段。教师如果能对学习条件做出适当安排,避免同时呈现十分相似的刺激,可以减少干扰的可能性,从而提高信息保持的程度。

（5）回忆阶段

学生习得的信息要通过作业表现出来,信息的提取是其中必需的一环。教师可利用各种方式使得学生得到提取线索,这些线索可以增强学生的信息回忆量。

（6）概括阶段

概括阶段也是一个学习迁移的问题。教师必须让学生在不同的情境中进行学习,并提供在不同情境中运用提取过程的机会。同时要引导学生概括和掌握其中的原理和原则。

（7）作业阶段

通过作业能反映学生是否已经习得了所学的内容,作业的其他功能是获得反馈和满足。教师需要几次作业才能对学生做出判断。

（8）反馈阶段

学生完成作业后,教师应及时给予反馈,从而强化其学习动机。反馈可以通过外部提供,也可以从学生内部获得,即进行自我强化。

2.信息加工环节的特点

加涅认为,从信息加工的视角来看,任何一个单一的学习动作,都有其起始和结束,在一个学习动作发生的历程中,进行着许多不同的信息加工(或转换)。加工可以是依次有序地进行,也可能是两个或更多的加工阶段同时进行平行影响。信息加工的具体环节有以下这些重要的特点。

(1)从感受器到感觉登记器

在注意或警觉的状态下,学习者能够从环境中通过多种感觉器官(如看、听、闻、尝和触等)接受刺激,激活(启动)感受器,并将其转换成神经信息,接着进入感觉登记器。形成感觉登记的前提是对信息给予关注。所谓注意,就是引导感觉器官关注信息来源。

(2)从感觉登记到短时记忆

学习者需要对这些感觉登记器的信息进行进一步加工,进入短时记忆(工作记忆),容量很有限。我们要对这些新信息提前做出进一步加工(如先行组织策略),以避免出现短时认知负荷超载。

(3)短时记忆储存

信息接着进入了短时记忆,停留时间一般认为不超过20秒,短时记忆的有限接受的项目数量词语量是7±2。为此,运用两个手段:一是"复诵"。复诵能扩展短时记忆的储存时间,也有助于对信息编码作为长时记忆的输入,但是复诵不能增加在短时记忆中储存的项目的数量。二是通过"组块化"的方式来稍稍扩展短时记忆的容量,即把新信息合并成结构,以便能够节省短时记忆的空间。但两者都不能从根本上改变短时记忆的性质。如果学习者不对短时记忆中的信息进一步进行加工,就像一台电脑中不对文本进行保存,那么暂时保存在内存中的信息就会丢失。

（4）从短时记忆到长时记忆

信息在离开短时记忆进入长时记忆这一段时间，称之为"编码"。编码是将信息从工作记忆转换到长时记忆的控制过程，同时也是学习者在新信息与其旧经验之间建立起意义联系的一种思维过程。此时的信息不再是以声音或形状的方式，而是转换以概念的方式储存的（命题、概念的层级关系、段落中主题的构成等），其主要特征是用语义或有意义的方式组织起来的。

（5）提取到工作记忆

为了证明学到了什么，学习者必须从长时记忆中提取储存的信息。称之为提取的过程需要从外部情境或学习者本人从其他记忆来源提供某些"线索"。借助这类线索匹配或联结所习得的东西，如此找到的"实体"就被认为是"已知的"，然后再被提取出来。当回忆习得的东西涉及应用一个情况或新问题时，就导致了学习迁移引发更为复杂和广泛的搜索过程，称之为"概括"和"主动建构"的内部加工。

（6）反应发生

信息流程的下一个转换是由反应发生器完成的。反应发生器发生的反应保证引出一个经过组织的动作：确定人类的基本反应方式，比如口头表达还是肌肉行动；同时确定行为的表现形式，包括所要完成的活动顺序和时间。

（7）行为表现

位于信息加工末尾第二阶段的是激活特定的效应器，这便引起了外部能观察的活动形式。如学习"三维目标"述说已经习得了这种能力。

（8）执行监控

执行监控的过程就是运用各种认知策略的反馈、调整过程。实验结果表明，使用命题编码的受试者比使用短语编码的受试者记住的词要多得多。显然，不同的编码策略影响了学习效果。

（9）预期

预期是执行监控的另一种从属类别，它表示学习者达到目标时所具有的特定动机。预期是导向学习目标的一种持续的心理态势。学习者想达到什么目标，能影响它的注意指向、编码方式和如何组织反应。

3.信息加工的内部方式

信息加工的内部方式包括：

（1）注意——确定接受刺激的程度和性质。

（2）选择性知觉——将刺激转换成对象或特征的形式，以便短时储存。

（3）复诵——维持和更新在短时记忆中储存的项目。

（4）语义编码——为长时记忆准备信息。

（5）搜索和提取——已储存的信息再返回到工作记忆或某一反应发生器。

（6）反应组织——选择和组织反应的基本形式。

（7）反馈——提供学习者行为表现的信息及推动强化过程。

（8）执行监控加工——选择认知策略使之任意调节以上各个内部加工过程。具体如图2-7所示。

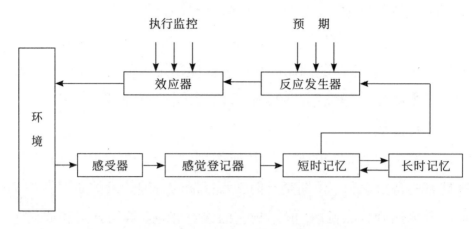

图2-7 学习的信息加工模型（加涅）

4.信息加工模型对教学设计的意义

一个学习行为无论是简单还是复杂,均包括了这几个阶段。学习开始于感受器的刺激,结束于对学习者的行为表现做出反馈。从起始到结束之间有着一系列内部加工阶段。由此,我们可以认为,作为帮助学习者学习的教学也不应该仅仅是简单地提供最初的刺激,相反所谓教学,即意味着精心合理地安排一系列外部事件(活动)以支持学习的内部过程。在一堂课中,有一系列的活动作用于学生,使他们能在知识、技能等各方面由此达彼,从一种心理状态进入另一种心理状态,从现有基础进入到用其学习成就证明的目标水准。各种外部活动组合在一起,这就是"教学"。由此,加涅提出了他的教学过程的理论——九大教学事件。

综上所述,前文中教学的概念模式可以分为三类:时间中心模式、任务中心模式与学习者中心模式。时间中心模式是以变量界定为特点的,探讨教学中如何安排适量学习时间,确定具体学习目标,有效运用教学传递技巧。任务中心模式关注如何促进学习的过程,而学习者中心模式把有效教学建立在对学习者个体差异的分析上。教学理论的概念模式从变量界定、过程描述到学习者差异各个角度为教学设计提供依据，一种概念模式就是一种教学理论。事实上任何教学理论都有其适用的条件和场合，这就需要教学设计运用系统方法首先鉴别教学实践中要解决的问题，根据问题情境，比较、选择合适的教学理论作为依据来制定解决问题的策略并在试行中进一步调整。只有科学地把握其原理和技术，在对照比较、分析提炼的基础上，将其结合起来进行设计操练，才能使备课这一环节走上科学化、规范化的轨道，使教学活动取得事半功倍之效果。①

第二节 行为主义体育教学设计模式

一、行为主义教学设计模式概述

行为主义教学设计模式应用属于行为修正教学模式。它依据行为主义心理学理论，把教学看作是一种"刺激——反应"行为不断修正的过程，侧重于学习者行为习惯的控制和培养、塑造和矫正。以批评表扬和榜样赞赏为有效教学的出发点和基础，强化学生的优良行为，消除不良行为，以提供和创设适宜的教学条件为有效教学的实质和核心，促使学生形成有效学习。把学习目标分解成很多小任务，并且一个一个地予以强化，帮助学生尽可能做出正确反应，使错误率降低到最小限度，从而提高学习效率。学习结果因教学组织的安排、教学进程、密度、节奏等一切知识情境的转变而转变，教学评价则以学生学习的结果为根本标准，不是看学生学习的主动性好不好，而是看教师为学生创设的教学条件是否适宜、是否有效。属于此类的体育教学模式有：传统运动技能教学模式、（新）运动教育技能教学模式、成功体育教学模式。

二、三大行为主义体育教学模式

（一）传统运动技能教学模式

1.运动技能类教学模式概述

运动技能类教学模式，以学科中心论为框架，主要以行为主义"刺激—反应"的强化学习理论为指导，认为学习的产生是外控的，学习的保持是强化的结果；学习的结果是可观察和可测量的外显行为。它师承"四段教学法"（感知——理解——巩固——运用），以运动技能形成规律为程序，将教学过程细分为泛化—分化—自动化等几个阶段。它的主要理念是通过运动技术的分段学习和细化学习，通过观察——感知——模仿——激发经验，引导学生学习的方向，从而使学生由初步学习运动技能到运动技能的掌握逐步达到自动化的程度。该模式十分重视教师的主导作用，以教学组织的精确调配为中心、以练习的反复认知为主导，侧重于本体化信息的加工，即重视从运动技能形成角度，细化课程的运动技术结构，来设计与安排教学。把示范、讲解、联系、纠正错误动作、再练习作为教学的程序或过程，从而形成了行为强化的体育教学设计模式或程序。该模式对于强化运动技能的有效形成具有显著的作用，但由于此种教学只克隆了"懂"而没有让学生收获"会"和"乐"，属于机械学习，因此是不足与不完整的。体育教学实践证明，体育学习及教学的任务并不只是技能操作的训练，还有情感的"内化"培养，没有经过"

心理实践"和伴随的情感体验和意志磨练的认知加工的有意义学习,必然是没有深度和不牢固的。

2.运动技能类教学模式的操作程序

运动技能类教学模式的操作程序,如图2-8所示。

3.运动技能类教学模式的优缺点分析

（1）优点

此模式能充分发挥体育教师的主导作用,按运动技术结构循序渐进地进行教学,并安排细致的教学步骤,对学生学习较难的运动技术有相当的好处,对于强化运动技能的有效形成具有显著的作用。

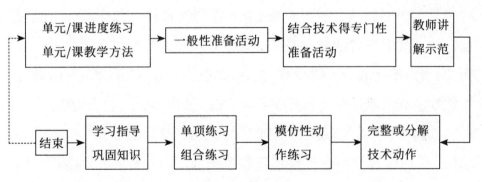

图2-8 运动技能类教学模式的操作程序流程

（2）缺点

它是一种典型的传习式的体育教学模式,其主要的缺点表现在:

a.教学中教师给予学生的是直接的正确答案,学生对为何要学缺乏正确的理解,从而影响了学生的主动性与积极性。

b.从教学方法来看,该模式比较单调,缺乏趣味性,从而影响了学生的情绪。

c.不重视学生的思维过程的开发,不注重比较同类或相似运动技术间的区别与联系,造成了运动技能间的干扰现象。

d.过多地考虑运动技术细节,忽略了学生的主观能动性,因此不易调动学生的积极性、兴趣、热情,反而会产生厌倦等消极情绪。

(二)(新)运动教育技能教学模式

1.(新)运动教育技能类教学模式概述

(新)运动教育技能类教学模式,虽以学科中心论为框架,主要以行为主义"刺激——反应"的强化学习理论为指导,认为学习的产生是外控的,学习的保持是强化的结果;学习的结果是可观察和可测量的外显行为。不同的是(新)运动教育技能教学模式,既肯定行为主义学习观的教学相长,又相对避免了行为主义学习观只重视"外化"偏于直觉,缺少理性,不重视"内化"的偏颇,为运动技能教学模式的成长与发展开辟了新方向,是值得研究和肯定的。

1981年,有关学者在此基础上,提出了"活动教育论"。"人体运动论"提倡体育学科内容科学化和系统化,不同的是以"运动"一词替代了过去一直沿用的"身体活动"一词。体育单单作为健身手段的观念被抛弃了。这个理论同等对待运动本身具有的外在价值(手段机能)和内在价值(本质机能),并把它们摆在并列的目标上。该学者以准备律(志向)、练习律(成功)和效果律(体验)为依据联结运动,制定了体育目标:

(1)认识运动对促进人体发育、机体机能提高和个体成长的作用。

(2)认识个体成长发育对运动能力的影响。

(3)根据实验结果来培养和提高人的运动能力。

（4）通过运动培养个人感情和表现能力。

（5）通过运动实践提高认识和理解社会的能力。

（6）提高支配自由时间的能力和掌握娱乐活动的运动形式。

（7）在社会生活中，掌握被认为对个人有价值的运动形式。

（8）通过运动获得控制物质世界所必要的认识能力和活动技能。

（9）取得运动经验。

（10）协助他人解决运动中碰到的疑难问题，从而加深对社会需要的理解。

该学者认为，人体运动的特点不但要从外部形象来理解，还要从参与活动的"人"的角度（心理角度）来理解，他重视人体运动的内在价值，并将其摆到教育的高度进行评价。他把提高人的运动志向，即心理态度作为先决条件摆在目标的核心位置上，还提出了技能的提高和活动环境的社会化，这是最重要的实践目标。为了实现这一目标，就要进一步强调知识、技术、社会实践的咨询和辅导，使学生在运动中感受到乐趣。他认为"体育的诸目标归结为一点，即成为主动的运动实践者"，反映了技能、知识、情感协调发展的思想。

自运动教育的思想形成后，如何使运动教育的思想转化为一种可操作的课程和教学模式呢？对此，有关学者也在进行"有效教学"的研究。他们发现许多体育课程教学虽然组织得井井有条，貌似有效，但教学结果却不尽如人意，尤其是学生的实际运动能力（特别是比赛能力）和参与运动的热情更是令人失望。与此形成鲜明对照的是，那些参加校际比赛的学校运动队的学生，在运动能力和运动热情方面的出色表现则给他们留下了深刻的印象。为此，他们对传统的体育课程教学和运动队的训练进行了对比，对其教学理念、单元划分、教学方法和组织形式的运用等问题进行了重新思考,进而借鉴了学校运动队在培养训练学生运动参与热情、发展学生实战运动能力等方面的有益做法,并根据一般体育教学的实际,对运动队训练和比赛中存在的不合理因素(如运动参与的公平性等)进行了改造,逐渐形成了旨在能够向学生提供真实运动经验和所有学生平等参与、有益于培养学生运动能力的运动模式。

2.(新)运动教育技能类教学模式的主要特征

(新)运动教育技能类教学模式的主要特征,如图2-9所示。

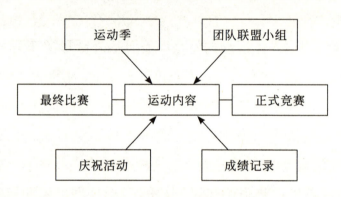

图2-9 运动教育的主要特征

(1)运动季

运动季与传统的体育教学单元不同,它通常包括练习期、季前期、正式比赛和季后赛。赛季的长度应不少于20节课。其运动季要比传统体育课的运动单元时间长2~3倍。这种超大单元的安排,是为了让学生对某一运动有更深刻的认识与理解,并在运动经验上得到精熟发展的机会。

(2)团队联盟小组

学生在运动季里可以根据自己的意愿自由组织学习团队,体育老师也可根据学生的能力进行团队分组。在整个运动季中,学生们应以固定的团队联盟（或分组）来从事活动,并一起拟定比赛策略和技术。这种团队联盟有助于学生养成"团队意识"。

（3）正式竞赛

正式比赛是运动季的重要组成部分,它赋予运动季真正的含义,贯穿于各部分练习之中,其比赛形式主要有对抗赛、循环赛、联赛等。为便于学生制订运动计划及目标,预先了解赛程安排和进行比赛准备,其赛程表应在运动季前告知学生。

（4）最终比赛

最终比赛也可称为决赛,它强化运动季的重要性,强调所有学生的参与性和欢庆气氛的营造,并向学生提供进步与努力的高潮体验。同时,它还应使学生了解,决赛的快乐层面应超过竞争层面。传统的体育教学单元中也可能有最终比赛,但与运动教育不同,它缺乏团队联盟和正式的比赛计划。

（5）成绩记录

成绩记录主要用以提升教育经验。运动教育中成绩记录的形式多种多样,如记录击球率、投中的次数、比赛的名次、时间、距离等。这些记录可以为个人和团队的表现提供反馈,产生刺激与激励作用,帮助个人和团队确定具体目标,并为教师提供评价参照,而有关技术与战术运用的记录,还可为学生改进以后的比赛策略提供参考借鉴。

（6）庆祝活动

在运动教育中,教师与学生应共同努力创造一系列庆祝活动。因为,正规的比赛就是一种节日的庆祝,所以在这些庆祝活动中,运动程序和传统会得到强调,个人和团体的表现将会得到认同与赞赏。一般而言,庆祝活动主要包括:运动员宣誓、邀请特别来宾、颁奖典礼、比赛场地装饰、拍摄录像带等。这些活动具有多重教育内涵。

3.运动教育的目的和目标

（1）运动教育的目的

运动教育的目的是力图通过最为真实的运动情境使学生得到全面的教育，使之成为"有能力的""有运动素养的"和"热情的"运动参与者。

所谓"有能力的运动者"，是指运动者应该掌握多种技术，拥有足够参与比赛的运动技巧，并能领会战术，可根据复杂的运动情境拟定解决问题的策略，具有丰富的参与知识。

所谓"有运动素养的运动者"，是指受过运动教育的人理解和尊重运动规则、运动礼仪和运动传统习俗，能区分运动的好坏，有运动欣赏能力。无论作为直接的运动参与者还是作为间接参与运动的普通观众，都应该是有运动能力者和有良好欣赏能力的运动体验者。

所谓"热情的运动者"，是指受过运动教育的人不仅应该积极参与学习不同地区和民族的运动文化，而且还应该积极继承、传播、创新和发展各种运动文化，愿意奉献自己的时间，确保他人在运动中的成功。

（2）运动教育的目标

①发展专项运动技能与体适能；②在参与运动中，具有评价和运用战术的能力；③参与适合其身心发展阶段的运动；④能与他人分享运动经验，具有和他人一起共同计划和管理运动的能力；⑤担任有责任心的领导角色；⑥在团队中合作学习，能朝向共同的目标努力奋斗；⑦有欣赏运动仪式和运动习俗的能力；⑧发展合理解决

运动问题的能力;⑨发展有关仲裁、裁判和训练的知识;⑩课余自觉参与运动。

4.运动教育的教学过程结构与主要教学方法

（1）运动教育的教学过程结构

在单元起始教学阶段:①向学生介绍运动教育的模式,使学生了解运动教育的目的、特点,并建立课程常规;②按异质分组的原则形成固定的学习小组;③在小组内部以书面形式签署小组成员责任协定,制订学习计划;④在技术、战术学习的基础上将不同层次的比赛（组间比赛、正式比赛、季后赛）贯穿于教学过程之中,从而使学生不但学习运动技术、战术,而且通过多种角色的扮演提高社会适应能力;⑤通过庆祝活动结束单元教学,如图2-10所示。

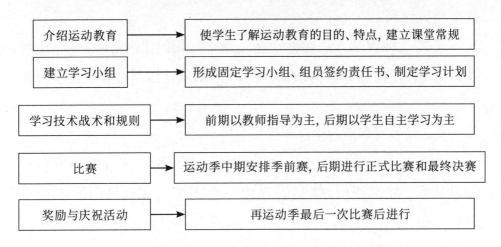

图2-10 运动教育的单元教学过程结构示意图

（2）运动教育的主要教学方法

运动教育在教学实施上,以直接指导、合作学习和伙伴学习三种方法为一体,采用超大单元（一般至少20课时）进行整体课程设计和教学。

a.直接指导法。主要通过讲解示范使学生快速掌握进行各种角色分配及职责履行的方法。在经过教师的直接指导后,学生就将进行各种真实运动角色的体验,并在角色扮演过程中逐渐成为教学活动的主体,在赛前、赛中和赛后进行充分的自主准备与总结,而在此阶段教师只起辅助指导教学的作用。

b.合作学习法。当各小组运动员和队长为实现本队目标而制定策略与履行职责时,各小组就会进行合作学习。这种合作学习强调小组学习的民主性,组内不应有绝对的权威。因此,解决意见的分歧性就成为合作学习的重要组成部分。

c.伙伴学习法。为了提高小组的整体运动水平,技术水平高的学生会主动帮助技术水平低的学生学习只有拧成一股绳,才能在季后赛中获得胜利。

上述三种教学方法在整个运动季中运用的比例前后不一。在前期,教师的直接指导较多,而在中后期,则以合作学习和伙伴学习为主。

5.运动教育模式的学习评价

运动教育注意过程评价与终结性评价的结合,其主要内容包括运动技术、战术评价、课堂管理和行为评价、认知评价等。不论是何种评价,必须包括运动者和角色扮演者两个方面的评价。如对技术、战术的评价可以采用操作评价量表。为了保证评价的全面和客观,最好采用分数累加的方法,使每次学习与最后的评价相联系,将个人的最终成绩与小组成绩相联系。具体的评价方法应由教师根据项目的特点而制定。一般来说,教师在评价时还应考虑学生运动参与、态度和行为。

6.运动教育模式与传统体育课程教学的不同

(1)超大单元教学

传统的体育教学单元都比较小,常见的单元为3~4学时。这样的小单元、多项目的"蜻蜓点水"式教学,使学生的运动学习多停留在"初步体验"的水平上,很难学深学透。与传统的体育学习不同,运动教育强调超大单元的运动季教学,强调将单元的长度加大,以便为学生提供更多彼此互动的学习机会,使学生学深学透,真正掌握运动技术和战术,并受到体育文化的熏陶。

(2)学生扮演不同的角色

传统的体育教学课中,学生主要是运动技术的学习者,以致最后的比赛也多为"运动员"或"观众",只学习怎样运动,扮演的运动角色非常单一。这对充分发挥运动学习中的多角色的体验及其社会化很不利。在运动教育中,学生则需要扮演不同的角色,如:运动员、裁判、教练员、统计员、宣传员等,这些不同的角色通过奇数分组、依竞赛期与运动类型轮流交换,从而使学生能进行多角色的体验,更好地理解成功运动经验所必需的所有要素,并获得更多运动社会知识与积极的运动态度,更富有责任心。

(3)注重学生对运动文化的全方位学习

传统的体育教学主要以"运动技术传授为主线",往往把目光紧紧盯在运动技术的系统传授上,并把它视为核心,从而使运动教学的实质变为"传技"。因此,很少从运动文化的角度审视运动价值的发掘,使体育教学中的运动文化传递难以真正落实。与此不同,运动教育非常重视体育教学中的运动文化传递,将运动的传统、礼节和愉悦的庆祝活动融合在课程里,不但注重充满欢乐的学习气氛的营造和学生的多种运动愉悦感体验,而且通过诸多运动比赛、运动节庆等措施,潜移默化地强化学生的"运动参与精神""公平竞争精神",并把各组参赛队名、队号、队旗与队服等细微之处渗透其中,希望学生的运动学习与实际生活中的运动休闲活动相结合,使其对运动文化有真实而全方位的体验。

(4)根据身心特点对运动进行教学改造

运动教育自建构伊始,一方面借鉴学校运动队训练模式中的合理因素,另一方面也注意到了其在运动参与权利不平等方面的问题,因此它并不照搬"成人化""标准化"的运动及其竞赛形式,而是从学生参与运动权利的平等性出发,以全体学生的运动能力为基础,注意选择合适的运动项目与活动内容,通过对运动规则、空间与器材、比赛形式进行相应的简化改造和修正,以便运动更加适合学生的发展水平和学习需要,从而使不同运动水平的学生都能成功参与运动。

(5)充分发挥运动竞赛的多种效应

与传统的体育教学对待运动竞赛的思路完全不同,运动教育用诸多的运动竞赛链接学习活动,通过正式的比赛不仅让学生有实战运用、切磋技术的机会,充分发挥竞赛对学生的刺激与激励作用,最后通过总决赛或循环比赛(即季后赛),把学习气氛推至高潮,以颁奖或庆功为运动季单元的结束画上完美的句号,从而使多种运动效应通过运动竞赛这一有力的"杠杆"得到真正的开发。

7.运动教育技能类教学模式的优缺点分析

(1)优点

此模式重视生涯体育和学校体育的关系,把培养学生对运动的爱好态度和有用的运动技能作为教学的出发点和立足点,能充分发挥竞技本来具备的价值。

(2)缺点

一是,该运动技能类教学模式的适用条件是教学条件充分,学生人数较少,教学时数多,学生有一定的运动技能基础。对师资要求较高,较大多数的学校难以推广应用。二是,由于该教学模式对问题的解决,依靠的是大量闲暇体育的导入与弹性的教学计划。依现行单元制和选修课的导入难以实现教学目标。此外,在指导方法上强调把竞技运动的特性和快乐作为教学的形式和方法,难以适应以应试教育为背景的教学机制。但相信随着学校体育物质条件的完善,这种教学模式是可以为我所用的。

(三)成功体育教学模式

成功体育教学模式是运用合理的手段和组织措施,为学生树立个体目标,通过自身的努力,看到自己的进步,使学生获得成功感,促进其身心发展。这种教学模式打破过去的统一标准,充分考虑学生的努力程度与进步幅度,能有效提高学生学习体育的自尊心和自信心,调动学生学习的积极性、主动性和自觉性,使人人都能从体育学习中得到满足,找回自信,体验成功。

1.成功体育教学模式的指导思想

对行为主义教学的不断反思总结和对体育教学科学化的追求,20世纪90年代初,有人在成功教育思想的启示下提出成功体育教学思想。成功体育教学模式是指学生经过努力达到了预期的学习目标和成果,得到了自己和同学们的认可,他就会得到快乐的情绪体验。如果学生在学习上每次都获得某方面的成功,就会产生巨大的推动力,激发其积极性、主动性和创造性,从而努力投入学习,去追求新的成功体验。这种思想一经提出,就得到了很多有识之士的认同,并受到了很大的关注。天津和上海的一些中小学曾经做过有关的教改实验,并取得了很好的效果,积累了丰富的经验。

成功体育教学模式虽以行为主义"刺激——反应"的强化学习理论为指导,把教学看作一种行为不断修正的过程,着重强调学习者行为习惯的控制和培养,它也认为学习的产生是外控的,学习的保持是强化的结果;学习的结果是可观察和可测量的外显行为。不同的是成功体育教学模式是以教学手段和组织措施为强化要素,使每一个学生不断体验自我超越的快乐感觉,完成个体学习目标,实现教学任务。它包含以下三个方面:一是通过教学组织的趣味性的刺激让学生愿学、乐学;二是通过教学组织由低到高的不断成功体验使学生学得有趣,学有所成,学有提高;三是充分体验运动后的酣畅淋漓的快感和学习成功后的喜悦感。因而,对此驻足和研究是十分必要的。

2.成功体育教学模式操作程序

成功体育教学模式操作程序,如图2-11所示。

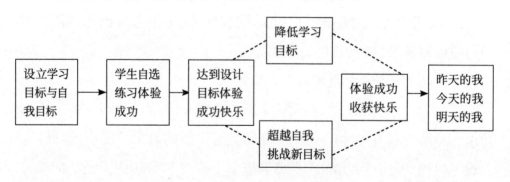

图2-11 成功体育教学模式操作程序

3.成功体育教学模式实施的机制、步骤和方法

成功教育模式的运行机制分为三个阶段:第一阶段,教师帮助学生成功;第二阶段,教师创造条件,学生尝试成功;第三阶段,学

生自己争取成功。这三个阶段的核心就是从教师教育逐步走向自我教育,从他律走向自律。

(1)实施成功体育教育的机制

a.抓好三个转变。要实现这一目标,首先要抓好三个转变:变埋怨、责怪学生为相信每一个学生;变教师对学生外压式的强制教育为学生内调式的自我教育;变片面追求分数的应试教育为争取多方面成功的素质教育。

b.创设成功机会。改革教育教学方法帮助学生成功,创设成功机会,就是要根据学生认知和非认知的特点,从多方面为学生创设成功机会,诱导学生参与学习活动,产生成功体验,从而激发、形成自我学习的内部动力机制。理论和实践证明,学习上的多次成功,对于学习困难的学生,对于未成年的孩子,其积极意义和作用是十分明显的;反复的成功可以促使学生产生一种内驱力,可以促使学生在积极、愉快的情感支配下,主动内化教育要求,可以促进学生的成就动机发展,为其成为社会的成功者创造条件。

c.在过程中调整教学要求和进度。这一措施的主要目的是:在具体的教学过程中帮助学生成功创造宏观方面的条件,保证学生逐步、稳固地达到新课标的基本要求:为学习困难的学生创造新的成功机会,全面提高素质。教学要求的调整有调低的,也有调高的;教学进度的调整有调慢的,也有调快的。调整的原则是:学生有困难,就放慢、抓实。当然一开始,大家也很担心,放低要求、放慢进度后的成功,是不是真正的成功,会不会影响学生达到新课标规定的要求。其实,我们主要是调整过程中的要求,而不是调整最终的要求。在过程中,学生在原有基础上,经过努力获得成功,对学生来说就是真正的成功。更重要的是,正是有了这种一开始相对新课标来说是低层次的成功，促使学生愿意紧跟教师去不断争取高一层次的成功，也正是得益于此，教师才可能逐步引导学生接近、达到乃至超过新课标的基本要求，这就是调整中的辩证法。改革的效果也充分证明了调整的有效性。

（2）成功体育教育的实施步骤

"低、小、多、快"是成功教学的基本方法。它为学生在学习中成功提供了具体保证。

a."低"即"低起点"。摸清学生相关基础知识、基本能力和心理准备的实际情况，把起点放在学生努力一下就可以达到的水平上，使新旧知识产生联结，形成网络。教师可以通过问卷、谈话、诊断性测试、预习检查、口头或书面提问等方式了解学生的水平，确定适当的教学起点。

b."小"即"小步子"。根据学生实际，确定能达到的实际进度。教学的步子要小，把教学内容按由易到难、由简到繁的原则分解成合理的层次，然后分层渐进，把产生挫折事件的频率减至最低程度，使学生层层有进展，处处有成功，处于积极学习的状态，感到自己有能力进行学习，从而不断增强学习的自信心和动机。

c."多"即"多活动"。针对学习困难学生的注意力时间短、记忆容量小、概括能力差的特点，改变教师大段讲解的倾向，使师生活动交替进行。这样不仅调节了学生的注意力，更重要的是学生大量参与教学活动，自我表现的机会多了，能力的发展也通过逐步积累而得以实现。这种良性的循环，又大大促进了学生各方面的发展。

d."快"即"快反馈"。在每一层次的教学过程中，既有教师的"讲"，也有学生的"练"，还有教师的"查"。这种快速的反馈，既可以把学生取得的进步变成有形的事实，使之受到鼓励，乐于接受下一个任务,又可以及时发现学生存在的问题,及时调节教学的进度,从而有效地提高课堂教学的效率,避免课后大面积补课。

实施成功意识教育应遵循以下基本原则:

①倡导不制造失败者的体育教学,目标的制定要适度。

②给学生创造体验成功的机会,消除自卑感。

③运用表扬、称赞、肯定等良性语言信息,使学生清楚自己所取得的成绩,有利于成功意识的培养。

④加强对学生成功意识的培养,帮助学生正确认识和理解失败是成功之母。

(3)成功体育教学的主要方法

a.降低难度法。例如初学排球发球时,不要让学生站在发球线后发,可适当站在场地内进行发球练习。同样,初学篮球投篮也不要让学生站在罚球线投,可根据学生情况缩短距离,这样有助于学生完成动作。在排球教学中,面对2.43米的网高,大约不会有学生能成功地学会扣球,而适当地降低网高,则将会出现另一番景象。同样的道理,在耐力素质练习(12分钟跑),从最初的6分钟计时跑起步,每次课2分钟递增,让耐力素质最差的学生也能坚持跑到底,最终使12分钟跑测验成绩普遍令人满意。体育教学无需用"教练员的眼光"看待学生,只能让学生通过自身点滴的成功,换取对体育的爱好并充满乐趣地投身到日常的锻炼中去。而这种成功心理的获得,则意味着自身已经自发地调动各种内在的积极因素向成功的方向努力。

b.不平等竞赛法。不平等竞赛法又可称之为"获胜机会均等法"。比赛和游戏中对不同水平的学生提出不同要求,使大家只要全力以赴地去参加比赛均有获胜机会。例如,进行带有比赛性质的立定跳远练习时,计分办法是每跳超过个人最好成绩得3分;等于个人最好成绩得2分;低于个人最好成绩得1分,跳几轮后按个人累积分评出优胜。又如,排球课进行2人一组传垫球比赛,技术好的组可按传4次得1分,技术稍好的组可按传2次得1分,技术差的组传1次得1分。

c.层次教学法。在体育教学中采用"层次教学",既考虑到了个别差异又能促进个体最充分发展。跑是体育教学中的重要内容,是速度加意志的锻炼。如何提高各层次学生的学习兴趣并完成教学任务,达到预定的教学效果呢? 在短跑教学中,可采用"接力赛""追逐跑游戏""不同距离的加速跑"等内容,激发学生学习积极性。在长跑的过程中,根据不同层次体能学生的学习水平,设计分层次的练习要求,把学校操场划分不同距离的区域或确定不同距离作为各层次学生的练习目标,打乱原班组队伍,让同一层次的学生结合,看每一个层次的同学谁跑得快,完成任务最好,激发学生的学习积极性。在跳高课教学中可采用圆形教学法:从圆心向圆周由低到高拉了4条(可增减)不同高度的橡皮筋,让学生根据自己的水平自由选择练习地点,跳过一个高度以后可以向前进一个高度继续练习。另外在沙坑里也设置跳高架,跳过四个高度的学生去沙坑练习,横竿可以随意增减。用这种方法可以激发各层次学生的学习积极性,他们在第一高度练习中能瞄准下一个高度,在完成第二个高度的练习后接着向下一个高度冲击。

4.优缺点分析与适用条件

(1)优点

a.由于在教学班级中必然存在着基础较好的学生和基础较差的学生,因此分层教学是成功体育教学模式中一种常见的教学手段。这种方法主要是根据教学总体目标,将不同的教学对象,按相关影响因素分成若干不同的教学层次,并对不同的教学层次提出相应的教学目标和要求,以不同的教学手段,达到体育教学的最终目标。它既找到使学生掌握所学学科的手段,又找到既考虑到个别差异又能促进个体最充分发展的教学策略。

b.教师的奖励性在该教学模式中起着重要的作用,它提供了更多的机会促使学生发现自己,发展自己,树立起学习信心。其标准是个体参照标准,范围是广泛的,只要有教育价值的因素,不论是知识、能力、情感、态度、创造性、独特性,都可以进行评价,并把奖励性评价毫不吝啬地送给学生。

c.从终极性评价角度来看,成功体育教学模式强调在技能上以学生的自我纵向比较,在情感上以学生自我的心理体验来评价,这种评价的特征是激励性评价,激励性评价的标准是个体参照标准。按照成功体育的思想,在考核与评价中,要打破过去的统一标准,充分考虑学生的努力程度与进步幅度,使人人都能从中得到满足,找回自信,体验成功;同时要打破过去的统一标准,允许学生在一定范围内根据自己的兴趣、特长选择考核项目,学生通过刻苦练习,既可以发展特长,提高兴趣,又可以取得良好的锻炼效果与考核成绩。

(2)缺点

a.体现学习者个性的设计比较难以制定。

b.由于班级人数较多,教学组织工作难度会比较大。

(3)适用条件

a.对教学场地与器材条件要求较高,要能满足各类不同素质学生学习体育的需要。

b.制定切合实际的评价标准,标准太高会造成学生因反复失败而丧失信心,标准太低又会因起不到激励作用而失去评价的意义。因而,对教师能力要求较高。

c.对于成功体育的评价方法,我们应该全面理解,对它的作用不能盲目拔高。研究表明,通过奖励分数、通过自我的超越使学生体验到成功的方法在低年级比高年级更有效,长期效应不如短期效应好。可见,这种方法也不是万能的,根本的还是要使学生的学习从外在的动机尽快过渡到内在的动机。

第三节 认知主义体育教学设计模式

一、认知主义教学设计模式概述

认知主义教学设计模式强调认知、意义理解、独立思考等意识活动在学习中的重要地位和作用:从人的理性角度对感觉、知觉、表象思维等认知环节进行研究,去揭示人的学习心理发展的某些内在机制和具体过程;重视人在学习活动中的准备状态,即知识水平、认知结构、非认知因素与学习活动本身带来的内在强化作用;倡导探究性的学习方法,强调通过发现学习来使学习者开发智慧潜力,调节和强化学习动机,牢固掌握知识并形成创新的本领。

认知主义教学设计模式把学习过程划分为九个阶段:引起注意—告知目标—提示回忆原有知识—呈现教材—提供学习指导—引出作业—提供反馈—评估作业—促进保持与迁移。这个类型的教学模式有:认知发展模式、有意义学习接受模式、信息加工学习模式、概念获得模式等。我国一些学者认为,属于此类体育教学模式的还有：发现式体育教学模式、领会式体育教学模式等。

二、两大认知主义体育教学模式

（一）发现式体育教学模式

1.发现式体育教学模式的指导思想

发现式教学模式是指在教师的启发引导下，学生通过对一些学习事实（事例）和问题的独立探究、积极思考，在"学中做"发现并掌握相应的原理和结论的一种教学模式。教师最重要的任务是配合学生身心发展，教学生如何思维，如何从求知活动中发现原则，从而整理统合，组织成属于自己的知识经验。并提出，在学生探究的过程中，要帮助学生形成丰富的想象，防止过早指导化。因此，在教学过程中，教师要尽量设计各种方法，创设有利于学生发现、探究的学习情境，使学习成为一个积极主动的"索取"过程，从而充分调动学生掌握探究、猜测、发现的积极性。

在体育教学中，发现式教学模式是近些年来体育学者通过"移植"这些教育、教学理念的成果，运用到学校体育教学领域中的一种教学模式，也被称为"启发式教学模式"。例如，篮球的发现教学设置，运球上篮为什么"一大二小三高跳"？交叉步上篮与同侧步上篮的不同与运用是什么？双手胸前、单手肩上、反弹传球的不同与运用是什么？防守有球与无球的不同与运用？不同掩护的区别与运用是什么？与传统教学相比，该模式的最大特点在于改变了学生在教学活动中的被动地位，使学生在主动观察、判断、分析、归纳等解决问题的基础上，了解学习运动技能的意义，产生主动学习的动力。正如相关学者的研究认为，知识既不是来自主体，也不是来自客体，而是两者的结合。而任何一个有过教学经历的人都知道,当儿童的心灵摸索向前要把握一个新思想的时候,教学的艺术依赖于教师对儿童心灵瞬间和直觉的洞察。

2.发现式体育教学模式指导的特点与要求

(1)发现式体育教学模式的指导特点

发现教学法的特点,在于它不是把现成的结论提供给学习者,而是从青少年好奇、好问、好动的心理特点出发,在教师引导下,依靠教师和教材所提供的材料,让学习者自己去发现问题,回答和解决问题,使他们成为知识的发现者,而不是消极的接受者。

a.强调学习过程。认识是一个过程,而不是一种产品。在教学过程中,学生是一个积极的探究者。学生的学习过程就是一个自我"发现"的过程。我们教一门学科,不是要建造一个活着的小型藏书室,而是要让学生自己去思考,参与知识获得的过程。教学要重视学生的主动性、积极性的发挥,创设发挥探究的积极性的方法,帮助学生学会学习。

b.强调直觉思维。发现式体育教学模式十分强调学生直觉思维能力的发展,它不根据仔细规定好了的步骤,而是采取跃进、越级和走捷径的方式来思维的。直觉思维的本质是映像或图像性的,它的形成过程一般不是靠言语信息,符合体育学科的特征。所以,教师在学生的探究活动中要帮助学生形成丰富的想象,防止过早语言化。与其指示学生如何做,不如让学生自己试着做,边做边想。

c.强调内在学习动机

发现式体育教学模式重视学生形成内部动机。只要激起学生的好奇心,学生受好奇心的驱使,对探究未知的知识就会表现出兴趣。我们知道,最好的动机莫过于学生对所学材料本身具有的内在的兴趣,有新发现的自信感。与其让学生把同学间的竞争作为主要动机,还不如让学生把挑战自己的能力作为首要目标。因此,应主张通过激励学生提高自己才能欲求,从而提高学生的学习效率。

(2)发现式体育教学模式的指导要求

发现式体育教学模式十分注重"学习共同体"(合作方式)的构建;教学组织设计十分注重"认知冲突"的激发;注重创设高度仿真的"活动情境"进行学习;注重学生个性差异的"自我建构"过程;强调评价要在"真实"的情境中引发出"多元"评价。

3.发现式体育教学模式的操作程序

发现式体育教学模式的操作程序,如图2-12所示。

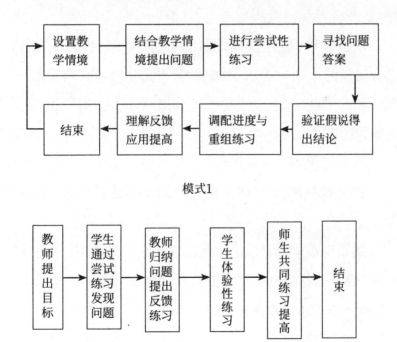

模式1

图2-12 发现式体育教学模式的操作程序

(1)设置教学情境。教学情境必须紧密结合具体动作技术的关键环节。

（2）提出问题，创设情境。引起学生兴趣，形成探究动机，并根据学生在实践中的体验，让学生在"学中做"思考并通过不同的练习手段完成动作的优劣。

（3）进行初步的尝试性练习。在设置的情境中，让学生自由发挥自己的想象力，尝试运用不同的练习手段来完成运动动作要求与目标。

（4）洞察、展望、分析、比较，提出假说，进行选择思维。学生能用所给定的材料，在教师的指导下，通过相互讨论，运用已学的科学知识与原理，找出它们之间的关系。在寻求答案的过程中，充分利用直觉思维提出各种有益于问题解决的可能性等。在这里教师是支持者，学生是分析者和假设提出者。

（5）从事操作，验证假说，得出结论。运用分析思维对各种可能产生进行反复的求证、讨论，寻求答案。根据学生的"自我发现"提取出解决问题的方法，并把它付诸实践，提高学生运用知识、分析问题和解决问题的能力。在这里，教师是顾问，学生是分析者和探究者。

（6）调配进度练习、重组练习。教学抉择的需要，提供最有效的途径就是将运动技能整合到学生有效的学习背景中去，而不以牺牲教学内容为代价。

（7）结束课教学活动。针对性布置作业，如怎样强化技能练习的有效性？有哪些目标没有得以完成需要课外继续的？

4.优缺点分析与适用条件

（1）优点

激发学生学习的好奇心，调动学生思维的积极性，使学生主动地学习而不是被动地接受，理解不同体育学习手段与组合的意义。开发学生的智力水平，增加体育学习的热情与积极性，推进运动技术的学习,提高学习技术的效率。

（2）缺点

由于教学中花费在问题的提出、讨论、解决方面的时间比较多,花费在运动技能的学习与练习的时间则会相对地减少,而运动技能掌握的主要诀窍就在于多练习,因此会对运动技能的学习与熟练掌握产生较大的影响。因而,不可大面积地频繁使用。

（3）适用条件

a.具有一定理解能力的初中以上的学生,已经掌握一定科学知识与原理,如物理学中的力学知识、生理学知识,数学中的各个变量之间的关系原理等,并应具备一定的运动能力与经验。

b.教学学时要充足,最好是大单元教学学时或选项课教学。

c.体育教师应具有较高的教学水平与经验,善于运用灵活的教学方法、教学组织形式等来设置问题情境,并有效解决教学问题。

（二）领会式体育教学模式

1.领会式体育教学模式概述

领会式教学模式是最早在20世纪80年代提出的一种改造球类教学的教学过程结构,是试图通过从整体开始学习（领会）,改变以往只追求技能,而忽略学生对整个运动项目的认知和对运动特点的把握的缺陷,以提高球类教学质量的教学模式。我国某著名学者在相关教学书中做了积极探索。这种模式一经提出,就得到了很多有识之士的认同与关注。北京、天津和上海等地的一些中小学曾经做过有关的教改实验,并取得了一定的效果,积累了丰富的经验。领会式体育教学模式的"做中学"与发现式教学模式的"学中做"的不同与区别是：发现式教学模式采用自下而上教学,以学习者运用自己的头脑去获取知识的方法。立足"为发现而教"的教学原则和方法，减少学习障碍和增加学习机会，帮助理解相同的动作技能学习（如交叉步上篮与同侧步上篮的不同与运用）。一般运用于动作技能分化和泛化的教学阶段。领会式体育教学模式采用自上而下教学，以学习者认知活动为主线，将指导学生领会知识特性和发展认知经验为重点。立足"为应用而教"的原则和方法。自上而下教学就是在已呈现整体性的任务的基础上，再回过头来，让学生自己发现完善整体任务所需完成的子任务（技能自动化阶段），即完成各级任务所需的各种知识技能（细节或要点）。在掌握这些知识技能的基础上，使学习者所建构的知识更明确、更系统。一般运用于动作技能形成的自动化阶段。例如，在快速跑学习中，教师首先让学生带着问题练习，然后提出为什么有的同学跑得快，有的同学跑得慢，让同学们进行总结。紧接着让同学们再练习，再总结，在做中不断改进与提高，从而完成学习目标。领会式体育教学模式立足于学生在实践经验中（领悟时刻）去发现问题后，再施以有效的教学方法，从而激发学生主动学习的积极性，因而有助于提高学习的效率。使教师为掌握而教，学生为掌握而学，真正享受和体验到体育运动的乐趣和体育学习的意义。

2.领会式体育教学模式指导的特点与要求

（1）领会式体育教学模式的指导特点

a.重视学习活动中学生的准备状态。学习的效果不仅取决于外部刺激和个体的主观努力，还取决于一个人已有的知识水平、认知结构、非认知因素等。教师要配合学生的经验，适当组织教材。教材的难度与逻辑上的先后顺序，必须针对学生的心智发展水平及认知表征方式做适当的安排，以使学生的知识经验能前后衔接，从而产生正向学习迁移。

b.先行组织者策略。学习新知识前,提供一个材料帮助学生的学习认知并与原有图式发生联结。这个材料是以学生既有的知识为基础,并能与新知识发生联结,能够突出新知识的具体框架,为学习新知识做准备。

c.注意将分化后的知识前后连接。形成一个有组织的贯通的知识体系,以便学生能够融会贯通。引导学习者以划分层次或列图表方式,寻找发现动作练习内在的姿势、速率、轨迹、节奏、力量等技术要素或其他方面的认知线索。同时认知学习理论强调以整体的方式呈现教学材料,以培养学生的宏观能力和分析能力。

d.遵循认知学习理论中重启迪的精神。不束缚学生的思维和手脚,教师要抓大放小,给学生留有自我学习的空间,鼓励和启发学生去相互引导、相互帮助,提高他们的建构能力。

(2)领会式体育教学模式的指导要求

a.先尝试,后领会。

b.在尝试中领会学习运动技术的重要性,以提高学生学习的主动性。

c.先完整后分解教学,在掌握各分解动作的基础上完整,再尝试,比较学习前后的效果。

d.多以竞赛的形式开展教学组织活动,以提高学生学习的积极性、实用性。

3.领会式体育教学模式的操作程序

领会式体育教学模式的操作程序,如图2-13所示。

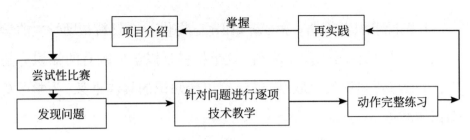

图2-13 领会式体会教学模式的操作程序

4.优缺点分析与适用条件

（1）优点

先让学生在运动的初步体验中体会出学习正确动作的必要性，教师再有针对性地施以某些技术环节教学，使学生产生强烈的学习动机和需要，极大地调动学生的积极性，并提高了学习的效率。

（2）缺点

在尝试性比赛中，可能会因学生在运动技术方面什么也不会而造成比赛的混乱、秩序的无常，场面难以控制。因此，应尽量选择一些简单的尝试性比赛，如三打三、二打二、一打一，降低难度和要求，让学生慢慢进入活动的角色。

（3）适用条件

初中以上的学生，具备一定理解能力，教学场地与器材较为充足。

第四节　建构主义体育教学设计模式

一、建构主义教学设计模式概述

建构主义者以"知识是发展的，是内在建构的，是以社会和文化的方式为中介的；学习者在人际互动中通过社会性的协商进行知识的社会建构"的思路来设计教学：

(一)强调建构主义以学生为中心

建构主义认为体现以学生为中心，要在学习过程中充分发挥学生的主动性与能动精神；要让学生有多种机会在不同的情境下去应用他们所学的知识；要让学生能根据自身行动的反馈信息来形成对客观事物的认识，提出解决实际问题的方案。

(二)强调学习"情境"对意义建构的重要作用

建构主义认为，学习总是与一定的社会文化背景即"情境"相联系的，在实际情境下进行学习，可以使学习者能利用自己原有认知结构中的有关经验去同化和索引当前学习到的新知识，从而赋予新知识以某种意义；如果原有经验不能同化新知识，则要引起"顺应"过程，即对原有认知结构进行改造与重组。总之，通过"同化"与"顺应"才能达到对新知识意义的建构。在传统的体育课堂中，由于生硬的教学不能提供实际情境所具有的生动性、丰富性，因而使学生对体育知识和运动技能的意义建构产生困难。

(三) 强调"协作学习"对意义建构的关键作用

建构主义认为,学习者与周围环境的交互作用,对于学习内容的理解(即对知识意义的建构)起着关键性的作用。在这样的学习环境中,学生可以共同协商考察各种体育理论、观点、运动技能和动作技术;对当前问题摆出各自的看法、论据及有关材料并对别人的观点和技术动作作出分析和评论。个人的思维与智慧就可以被整个群体所共享,即整个学习群体共同完成对所学知识和动作技术的意义建构,而不是其中的某一位或某几位学生完成意义建构。在协作学习中分享彼此的情感和体验,丰富教学内容,求得新的发现,从而达成共识、共享、共进,实现教学相长和共同进步。

(四) 强调对学习环境的设计

建构主义认为,学习环境是学习者可以在其中进行自由探索和自主学习的场所。在此环境中学生可以利用各种工具(如场地、器材)和信息资源(如与体育相关的书籍、音像资料、多媒体课件以及网络信息等)来达到自己的学习目标。在这一过程中学生不仅能得到教师的帮助与支持,而且学生之间也可以相互协作和支持。按照这种观念,教学设计应是针对学习环境的设计而非教学环境的设计。这是因为,教学意味着更多的控制与支配,而学习则意味着更多的主动与自由。

(五) 强调学习过程的最终目的是完成意义建构

在传统教学设计中,教学目标是检查最终教学效果和进行教学评估的依据。但是在建构主义学习环境中,由于强调学生是认知主体、是意义的主动建构者,所以把学生对知识的意义建构作为整个学习过程的最终目的。在这样的学习环境中,教学设计通常不是从分析教学目标开始,而是从如何创设有利于学生意义建构的情境开始,整个教学设计过程紧紧围绕"意义建构"这个中心而展开,不论是学生的独立探索、协作学习还是教师辅导,都要有利于完成和深化对所学知识和动作的意义建构。如当前的"三维教学目标"就是这一思想的整合。

如建构主义者设计的乒乓球教学,老师不是直接地讲解有关乒乓球的各种知识,而是先通过有趣的各种乒乓球的互动设置,激发学生对乒乓球的认知矛盾。如怎样推球变向?怎样发出上旋下旋转发球?怎样接好上旋下旋转发球?调动起学生关注"乒乓球学习"的积极性和好奇心,然后设计情境。如通过支架教学法:①预热:将学生引入乒乓球"学习背景"的问题情境,并提供可能获得的工具(如资料、策略等)。②探索:由教师为学生确立目标,用以引发情境的各种可能性,让学生进行乒乓球探索尝试。然后各小组展示或比赛,论证收获。在此过程中,教师可给以启发引导,提供问题解决的原型,然后逐步增加问题的探索性成分,逐步让学生自己去探索。③独立探索:教师放手让学生自己带着问题学习,在练习中进行探索。这一设计实现了把管理学习的任务逐渐由教师转移到学生手里,帮助学生理解乒乓球特定知识、建构知识意义。

建构主义者要求:①教师应成为教学过程的组织者和指导者、帮助者和促进者,而不是"外部刺激的被动接受者"。这种亲其师、信其道的气氛可促使学生的学习以更快的速度更深刻地展开,知、情、意齐头并进、共同发展。②教师不是考虑什么知识最有价值,而是考虑什么样的学习情境能促进学习结果的有效产生。③高度重视对学习错误的诊断与纠正,帮助他们发现问题,解决问题。④在学生形成知识意义的过程中,社会起核心作用,儿童周围的人群在很大程度上影响了他们认知世界的方式。学习与教学是在直接以语言为中介的社会协商中实现的,它决定了儿童发展的方向与速度。

建构主义教学模式依据的是社会互动理论,强调教师与学生、学生与学生的相互影响和社会联系,着眼于社会性品格的培养。属于这种类型的教学模式有:小组探索模式、小组研究模式、法理学模式、社会调查模式等。我国一些学者认为,属于该模式的有:小群体体育教学模式、选择制体育教学模式、情境式体育教学模式。

二、三大建构主义体育教学模式

(一) 小群体体育教学模式

小群体体育教学模式源于"小集团社会学习"理论的一环,社会性的培养,其本质体现的是社会性和身体性的结合。谋求既达到身体的养成,又实现社会性的培养。因此学习自主化、协同化成为体育教学目标中的一个重要内容,小集团学习的研究就由此开始了。小集团学习是指学习指导着眼于集团与个人、个人与个人的关系上,把一个班分成几个小组,根据教师有计划的指导,利用小组自主的协同学习,使全体学生经常地、同时地参加学习的学习形态。

1.小群体体育教学模式的现状

在20世纪80年代以来体育教学改革全面展开,体育界对小群体学习法开始探讨。我国体育工作者从教学组织形式改革的角度出发,将理论研究和实践研究相结合,对小群体学习与学生主体性发展的关系进行了积极的探索,并取得了初步成效,出现了较有影响的实验点,形成了相对成熟的小群体教学模式。

2.小群体体育教学模式指导的特点与要求

(1)小群体体育教学模式指导的特点

体育教学中的小群体教学模式的基本思想是试图通过体育教学中的集体因素和学生间交流的社会性作用,通过学生互帮互学来提高学生的学习主动性,提高学习的质量,以达到培养学生社会性的目的。体育教学中的小群体教学模式,是把学生分成若干个学习小组,在教师的指导下,同组学生之间、小集团与小集团之间通过互动、互助、互争,增强学生学习的主动性,从而提高教学效率的一种教学模式。要指出的是,小群体学习的模式与以往为提高教学效率和进行区别对待的分组教学是有根本区别的。体育小群体教学模式以充分考虑体育教学的集体形成和人际交流的规律性来设计教学过程。

(2)小群体体育教学模式的指导要求

a.强调组内学生的精神,团结一致,提高组内的竞争力。

b.组间学生在条件基本均等的情况下合理竞技,激发学习的兴趣,提高学习的效率。

c.培养学生胜不骄、败不馁的宽容意识。

d.通过学生的互帮互助、合理公平的竞争,发展学生的社会适应能力、心理健康水平。

3.小群体体育教学模式教学程序

小群体体育教学模式的简单教学程序为:教师指导—小集团组成—小集团学习—小集团间活动—评价反馈。小群体体育教学模式教学程序流程图,如图2-14所示。

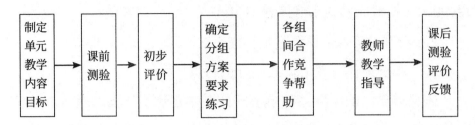

图2-14 小群体体育教学模式教学程序

4.优缺点分析与适用条件

（1）优点

小群体教学模式注重学生之间的合作性、相容性,同等基础条件下的学生组成一个集团或小组,可以更有效地调动学生学习的积极性、竞争性,也更容易培养与发展学生的社会适应能力,而这种能力的发展对学生在将来从事社会工作是非常重要的。同时同组学生通过互帮互助可以培养学生的合作能力;异组的学生竞争可以发展学生的竞技能力、面对困难的挑战能力等。

（2）缺点

由于小群体教学模式着重发展学生的社会适应能力,因此在具体的体育教学中要在教学组织方面花上一定的时间,而这方面的组织工作需要较长的时间;在学生方面也有一个适应过程,这种适应过程有时可能是很长的,因为学生之间的合作需要一个磨合过程,因此要发展学生的社会适应能力,就必须牺牲学生的一定练习时间来做好学生各种组织工作。

（3）适用条件

a.某个年级或某班级学生的合作能力与社会适应能力相对较差,需要在这些方面得到发展。

b.教学条件比较好,特别是教学器材充分,能满足教学分组的需要。

c.做好教学前后的测试工作,并记录下来作为教学参考的依据,做好教学的评价工作。

d.分组后,各组学生在教学中需要搞好合作关系,在课外也要把这种关系进行延续。

(二) 选择制体育教学模式

1.选择制体育教学模式概述

传统教育内容反映的是社会构造结构的需要,而不是人的自然天性。用通俗的话来说,教育就是塑造社会建设中某一领域有用的专门人才。其目标并非出自被教育者的意愿,而是由教育者强行安排来实现的,其过程并不考虑学生参加活动的意愿与情感状态。在这样的课程教学体系下,学生不是思想的主体,而是学科塑造的对象。进入21世纪,随着建构主义等现代学习理念及其实践的影响,催生了新标准颁布与选项课实施,学生在体育学习过程中产生的练习兴趣、态度、情绪、情感、行为等受到关注。选择制(选项学习)体育教学模式应运而生,并在全国实施。该模式主张让学生依据体育活动的兴趣、爱好,对学习内容、学习进度、学习材料、学习伙伴、学习难度等因素进行一定程度的自选自定,调动学生的学习积极性和主动性。这在一定程度上满足了学生在运动学习中的不同需要,并在自主性、独立性较强的学习过程中发展了学生的学习能力。

2.选择制体育教学模式的指导特点与要求

(1)选择制体育教学的组织设计

a.向多水平性方向发展,根据不同学生的发展水平,分别制订出不同学习的标准,缩短教学内容与学习者需求之间的距离。

b.向多层次性方向发展，拓宽教学空间，实施分层教学，满足不同学生对知识内容和结构的要求。

c.向多样性转变，根据学生的需求和爱好加大运动技能学习选择的多样性，多元拓展教学内容和运动外延，服务于学生发展性的要求和情感的体验。

d.向个性化学习转变，尽可能创设条件组织学生富有个性的学习，在课堂组织上允许用自己的方式学习，允许学生在一定范围内选择学习内容、途径和方法。

（2）选择制体育教学的组织要求

a.选项课教学并非是放羊式教学或放任自由。由于运动技能的复杂性，学生在学习与练习过程中必然会遇到困难、挫折、徘徊不前、暂时的倒退等现象，此时学生若灰心、消极失望，那么整个教学就会半途而废，前功尽弃。因此，教师应提前做好一切应对准备与计划。

b.在选项课教学中对无项可选的学生的安排。在选项课教学中对无项可选的学生，应重新考虑到他们的兴趣培养与发展问题，使得他们在下一轮选项中有项可选，并对自身的发展问题负责，以确保教学活动中学生之间、师生之间的同步。

c.在选项课教学中关注学生新的兴趣安排。在教学中要清楚认识一个问题，即学生的年龄越小，其兴趣爱好就越广泛，体育项目的迁移也就越有可能。随着年龄的增长，体育的兴趣逐渐趋向集中，转项可能性就相对减少了，此时如果不能集中于一个体育项目学习，则必然会影响到体育项目的继续学习，也影响到体育锻炼习惯的养成。

d.学生通过选项课程的教学，应能培养体育锻炼的习惯和终身体育的观念。学生如果不能培养自主锻炼习惯，那么在将来也不会经常运用体育活动来锻炼自己的身体，终身为自己的健康服务。因此教师科学制订课内外一体的学习与应用相结合的教学计划，引导、帮助学生把对体育活动的兴趣与爱好逐渐转化并培养成为锻炼习惯与能力。

3.选择制教学模式操作程序

选择制教学模式操作程序，如图2-15所示。

图2-15 选择制教学模式操作程序

4.优缺点分析与适用条件

（1）优点

选择制教学模式有利于调动学习积极性，学生可以根据自己的兴趣爱好选择自己喜爱的运动项目，充分体现了学生学习的主动性，而不是由老师来安排教学内容，另外由于运动学习的内容是由学生自选自定的，因此学生有责任来维持体育学习活动的持续发展，在自觉性、学习动力、学习热情、学习态度、情感体验、克服困难的意志方面都会体现出较好的状态。

（2）缺点

选择制教学模式对于一些有运动兴趣的学生是非常有利的，但是对于一些暂时还没有兴趣的学生，可能造成选择运动项目的盲目性，另外由于运动项目具有不同的特点，如室内室外、运动量大小、运动项目的趣味性、考核评价的难易等情况不同,可能会造成学生选择项目的功利性。学生可能会选择自己不是很喜欢但是比较容易考试,合格难度小的运动项目,而造成一些项目人数过多,一些项目无人来选择的状况。

（3）适用条件

选择制教学模式适应有一定学习基础的初中高年级以上的学生,学校有充分的设备、器材可供选择。学校体育教学设备配备较为齐全,能满足学生不同运动项目的选择需要。另外,体育教师也应具备多样与全面的运动技能,以满足学生的各种运动需求。

（三）情境式体育教学模式

长期以来,学校教学角度关注的是知识的积累,在学习中着重的是认知的单线突进,使教学潜力受到限制,导致学生厌学、学习效率下降、身心受损、个性片面等副作用日趋严重。对此的深刻反思,促使人们把教学的视线不再囿于认知领域,于是作为教学中的非智力因素——情感,便引起现代教学改革者的重视。从20世纪50年代心理学提出的情绪评估——兴奋说,到20世纪60年代至70年代暗示教学法的创立再到情感目标分类体系的推出,标志着情感教学的新教学思想已形成。

体育情境教学正是利用创设情境可以发挥情感的驱动作用的特点,最大限度地发挥情感的纽带作用和驱动作用。遵循着情绪——情感——情操这样一个由低级到高级的轨迹发展特点,使学习者在情境所渲染的客观事物上获得具体的感受,在情境活动中达到"我他同一""物情同一"的效果,同时加深对教材的情感体验,从而积极主动地投入具体的学习活动中,使学生的学习积极性可以大大地提高,教学效果也得到了明显的改善。

1.情境式体育教学模式的核心思想

在传统的教学模式中,我们将体育教学理解成一个特殊的知识、技术、技能的传授过程,过分关注体育教学过程的接受性、进度性和熟练性,而忽视了体育教学过程中的情感性、亲历性和自主性。体育教学不仅仅是学生获取基础知识和基本技能的过程,更是学生获得生活体验与培养生存能力的过程。国外某哲学家就非常强调人的"情感反应模式"对人的行为作用。认为人的情感反应形成什么样的模式,与他后来有什么样的习惯、态度是密切相关的。17世纪,某教育也同样强调,在教育范畴里,感觉和情感比理性更重要。他认为,该应用一切可能的方式把孩子们的求知欲与求学性激发起来。早在春秋战国时期,孔子在《论语学而》中说:"学而时习之,不亦说乎?"不仅指出了学习过程中知与行的统一,更强调了由此所获得的愉悦的情感体验。现在我们在体育学习中常常只强调学生去完成体育学习的任务,而很少去追问学生的情感反应,这是不会获得成功的。现代学习理论告诉我们,情感与学习是紧密联系,互为条件、相互作用、相辅相成的;情感是学习形成的基础和前提,反过来,学习是情感发展的重要条件。体育学习需要依靠情感整体协同机制的支持、运用和关注、培育,尽量去制造有助于大脑支持体育学习形成的条件,以帮助我们更好地去把握体育学习与培养的成功。为此,体育情境式教学模式也就应运而生,得到了很多有识之士的认同,并受到了很大的关注。在吉林、大连等中小学曾经做过有关的教改实验,并取得了很好的效果,积累了丰富的经验,使新体育课程出现了一番新的面貌。正如国外某教育学家指出:"情感状态总是和内心感到激动、有反响、同情、喜悦、惊奇和许多别的情绪相联系的。正因为如此，注意、记忆、理解某事物的意义在这种状态下由于个人内心的深刻感受而丰富起来。而这些内心感受使上述认识过程加紧进行，并因此能更有效和高质量地达到目的。"

2.体育情境式教学模式指导特点与要求

（1）体育情境式教学的组织设计

在体育情境创设中，可以根据以下不同的情形来进行。①依据教学内容创设情境。②依据教学方法创设情境。③以实物演示情境。④以音乐渲染情境。⑤以表演体会情境。

（2）体育情境式教学的组织要求

a.从求知需要的满足中求乐。结构主义教学理论指出，学习的最好刺激乃是对所学材料的兴趣。还有学者也认为，要以知识本身吸引学生学习。因此，增强教学内容的趣味性，满足学生求知的需要，以产生快乐情绪，便是情境式体育教学模式首先要重视的。

b.从成功需要的满足中求乐。有学者这样告诫教师，成功的欢乐是一种巨大的情绪力量，它可以增强儿童好好学习的愿望。无论如何都不要使这种内在的力量消失。缺少这种力量，教育上的任何措施都是无济于事的。因而，教师在这方面采取措施的关键在于，为学生尽可能创设获得成功体验的机会，改变传统教学方法，把学习与创设成功相联系。

c.从建树需要的满足中求乐。所谓建树需要，就是学生把所学习的知识和技能灵活运用到实际环境中去，也可称为创新需要。因而，教师要通过启发性教学，为学生提供尽可能发挥创造潜能的必要的外部刺激和气氛，引发学生开展积极思维取得丰收，使学生的创造需要得到满足。创设获得成功体验的机会，改变传统教学方法，把学习与创设成功相联系。

d.从娱乐需要的满足中求乐。学生在情境中感受着形象的同时,愿意对情境持续性地产生注意,全身心地、主动地接受,从而产生满意的、愉悦的、悲伤的、憎恨的、热爱的情感体验。因而,教师要注重学生的情感体验,积极挖掘教学内容的快乐性、方法和手段的艺术性,寓教于乐是体育情境教学模式不可忽视的途径。

e.从审美需要的满足中求乐。由于体育游戏内容丰富,形式灵活,又富有一定的情节性、竞赛性和趣味性等特点,长期以来,它不仅是中国学校体育教学的重要内容,同时也是体育教学的一种形式、方法和手段。有学者指出,"体育游戏对于当前的体育教学改革至关重要","有了它,一个枯燥的练习可以变得津津有味,一个沉闷的教学可以变得生气盎然"。因而,教师要在实践课教学中运用体育游戏,通过活动性游戏来提高学生的兴奋性,使学生在良性心理状态下学习技术,使学生中枢神经系统不断得到新的信息刺激,产生适宜的兴奋性,诱发学生的兴趣和学习的主动性、积极性,促使学生积极自愿地参加体育游戏活动,掌握自己所喜爱的运动项目的技术技能。

3.情境式体育教学模式的操作程序

情境式体育教学模式的操作程序,如图2-16所示。

图2-16 情景式体育教学模式的操作程序

4.优缺点分析与适用条件

(1)优点

在体育教学中进行情境创设的目的在于调动学生的思维积极性,创造适宜的教学环境,并具有以下效能。

a.调动效能。运用情境教学,能使枯燥的教材、单调的练习变得生动有趣。情境教学解决了以往教学方法上的"满堂灌""填鸭式"等框架,使每个学生都有参与情境的机会,某些学习成绩欠佳的学生因其在体验情境时表现出色还可得到教师的嘉奖,获得对自身价值的确认和肯定。

b.愉悦效能。体育教学情境创设,优化体育课堂的气氛,避免"说教式"的传统方法,使教学过程愉快而轻松,从而增强学生对学习内容的接受能力及教师传授的广阔性、规范性。

c.启发效能。体育课上运用情境教学,有利于发展学生的思维能力,使学生不是单纯模仿教师的动作去做、去练,而是要动脑筋去思考、去想象,在锻炼身体增强运动技能的同时增长知识,发展思维能力。

d.陶冶情操效能。能把学生带入美的意境,启发学生进行美的想象,让学生受到美的熏陶,最终使学生精神情操得到美的陶冶,在体育教学的同时有机渗透了美学教育。

(2)缺点

情境教学模式使用的范围比较窄,对于一些年龄较大的学生实用性相对较差,因为他们对于情境性的学习已经不大感兴趣,因此它只能在小学、初中使用。同时,情境教学模式由于练习内容比较简单,对于一些要求发展运动技术技能的学生来说,可能满足不了这些学生的需要,造成他们的学习兴趣下降。

(3)适用条件

a.适合于小学初中。

b.要能设计较多的情境性素材，并经常不断变化。

c.体育教师要有一定的热心，参与师生同乐。

第五节 人本主义体育教学设计模式

一、人本主义教学设计模式概述

人本主义教学设计以潜能的实现来说明学习的模式机制。他们反对刺激——反应这种机械决定论，强调学习中人的因素。他们认为必须尊重学习者，把学习者视为学习活动的主体；必须重视学习者的意愿、情感、需要和价值观；相信正常的学习者都能自己指导自己，激发"自我实现"潜能。强调学习具有个人参与的性质，学习是自动自发的，学习是全面发展的，学习是由学生自我评价的。促进学生学习最关键的因素不在于教师的教学技巧、专业知识、课程计划、视听辅导材料、演示和讲解、丰富的书籍等，而在于教师和学生之间特定的心理气氛。

所以，著名人本主义心理学家罗杰斯在教育改革领域中提出"以学生为中心"的教学理论，并倡导"非指导性教学"的人本主义教学设计模式。人本主义教学设计模式主要包括以下五个要素：

（一）学习是一种与每个人各部分经验都融合在一起的学习。具有个人参与的性质，即整个人（包括情感和认知两方面）都投入学习活动。教师的作用是设计各种各样的"学习情境"，让学生带着问题在做中学，在学中做，形成自己的假设和解决方案，而在此过程中，建构起与此相应的知识和经验。

（二）学习是自我发起的，即便在推动力或刺激来自外界时，要求发现、获得、掌握和领会的感觉是来自内部的。教师应由衷地信任学生能够发挥自己的潜能，能够"自我实现"。

（三）学习是自我渗透性的实现。教学的主题是把学习看成是"人性的生长"，多元解读的"个别化"设计。也就是说，它会使学生的行为、态度乃至个性都发生变化。

（四）教师教学应该以学生认知发展水平，注重启发式教育为主导，帮助学生理解自己、发展自己，创造一种真诚、关心、理解同时又能促进学习的气氛。

（五）学习是由学生自我评价的，因为学生最清楚这种学习是否满足自己的需要，是否有助于导入他想要知道的东西，是否了解到了自己原来不甚清楚的某些方面。教师的作用是提供各种各样的"学习资源"，让学生自己制订学习目标，学习方案，自己对学习情况作出评价。

为达到这些目的，强调在具体的方法上以尊重学生为基点，并采用诸如教师效能感训练（鼓励教师通过积极倾听建立开放的、诚实的沟通环境）、吸引学生学业成功（让学生意识到自己是一个有责任心、有能力、有价值的人，在现实教学中不断让学生体验到成功的喜悦）、价值澄清（使学生通过与他人所持有的价值观相比较，认识到自己所持有的价值观的合理性或不足）等方法，使学生在各方面的素质都得到发展。

依据的是个别化教学理论与人本主义的教学思想，这个类型是人格（个性）发展教学模式。属于这种类型的教学模式有"非指导性教学"模式、目标——导控教学模式等。我国一些学者认为，属于体育教学模式的有：主体性体育教学模式、快乐体育教学模式等。

二、两大人本主义体育教学模式

(一)主体性体育教学模式

1972年有关部门发布的相关报告明确提出，未来的学校必须把教育的对象变成自己教育自己的主体。受教育的人必须成为教育他自己的人；别人的教育必须成为这个人自己的教育。自此以后，世界各国无论政府还是学者，都十分关注学习化社会的自主学习的研究与建设。体育学习化社会和终身体育是延续个体一生的教育理念。体育学习是一个以学习者为中心的社会形态，是从学习者自身需要出发的一种自愿学习。根据这一命题要求，体育教学充分体现出学习者的主体性地位的特征就逐渐显现，从而构成了主体性教学模式的理论框架。因此，主体性体育教学模式也应运而生，契合了时代对学校体育的教育要求。

1.主体性体育教学模式的指导思想

一是，从学习角度看，作为学习方式，他主学习和自主学习都是客观存在的，都有存在的合理性。传统体育教学过于强调和突出他主学习这一方式，忽视了人自主学习的能动性，导致学生的主体性、能动性、独立性不能得到充分的发挥。从人可持续学习的角度看，两者缺任何一个都会影响学习任务的完成。主体性体育教学模式的产生与应用充分开发和利用了学习资源为现代教学系统注入新的活力，把教学建立在更加广阔的学习背景上，这对于我们正确地认识体育教学的本质，提高学习者的参与度，改善体育教学效果，具有重要的指导意义。

二是，传统体育教学中，注重"教法"的改革，忽视"学法"的研究。主动性体育教学模式的提出使我们换了个角度思考问题，从研究教法的圈子中跳了出来，让学生来参与教学，在学生的教学过程中，帮助他们学会承担"探索未知与知识"的责任与义务。一个学生是否愿意参加并主持体育教学活动，主要动力源是在内部。我们采用奖励或惩罚的手段，只可以从外部去激发个人参与和主持体育活动的动机，而主动性教学可以让学生自觉去发现体育运动自身所具有的价值，确信自己已具有参加体育活动并主持的能力，对促使学生认识体育，自主地参加体育活动并培养能力有重要作用。因而，主体性体育教学模式所要追求的不是教师一方的教会学生，而是学生一方针对自己的问题进行解决，而养成一种主动的、协作的学习习惯。

2.发展学生主体性体育教学模式的基本教学程序

发展学生主体性体育教学模式的基本教学程序，如图2-17所示。

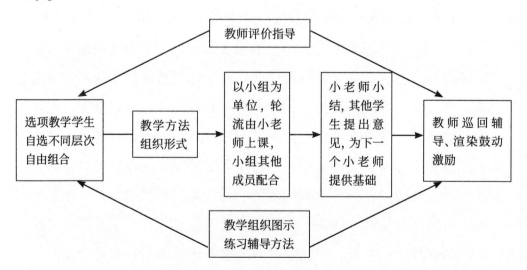

图2-17 发展学生主体性体育教学模式的基本教学程序

3.主体性体育教学模式的指导特点与要求

（1）主体性体育教学模式的指导特点

a.培养参与能力。认知发展理论指出，儿童学习的最根本的途径应该是活动。教师在课堂教学中要尽可能创设一些自主学习的实践活动，放手让学生参与其中，逐步掌握学习的方法、思路，完善知识结构，逐步积累成功的学习体验，提高分析问题、解决问题的能力，渐入"自能学习"的佳境，为今后的主动发展打下坚实的基础。

b.培养主动学习意识。教育是知识创新、传播和应用的主要阵地，也是培育创新精神的摇篮。因此，教师要依据体育学科的特点先培养学生成为"小助手"，在此基础上以点带面扩大于课堂教学之中，使学生的主体学习力得以很好的开发。

c.培养合作精神与道德品质。教学活动应是教师、学生、教材、环境之间的多边多向的信息传递活动。在以往的教学活动中，教师低估了学生之间的相互作用，忽视了学生之间的团结互助作用，制约了学生间良好人际关系的协调发展。因此，教师要创设让学生自我表现的机会，培养学生团结互助能力与正确评价自己和他人的能力，让理解、信任、尊重、宽容、民主、合作充满整个课堂。

d.培养学生的"教学能力"。相关学者认为，让学生站在教师的讲台上，学生就会发出教师的语言与行为。如，教师有意识让某一些部分做得好的学生代替老师教学示范，喊口令，组织练习，虽然看似一件小事，但这种教学通过一定时期的实践，就会较好地使学生的主体学习能力得到发展。

（2）主体性体育教学模式的主要要求

a.异质分组。所谓异质分组是指，在组建主体性学习小组时，应尽量保证一个小组内的学生各具特色，以便互相取长补短，激发出更多的观点，分享更多的信息，取得更大的进步。

b.积极互赖。积极互赖、相互支持是主体性学习的核心要素，是小组成员之间一种同舟共济的促进性关系，意味着每个人都要对小组内同伴的学习负责。

c.个人责任。个人责任是主体性学习取得进步的关键。严格讲人的发展和社会的发展需要教育提供持续、连贯的支撑，为这种持续发展提供动力。在此意义上，主体性教学模式的出现和产生具有必然的意义。

d.小组自评。为保持主体性学习的有效性，必须定期地让小组成员对学习态度、学习结果、成员参与度等进行自评。这样不仅科学知识得到增长，学生也变得越来越有爱心、同情心、责任感和教养。

4.优缺点分析与适用条件

（1）优点

发展学生主动性教学模式对发展学生的自我学习能力有积极的意义。这种教学模式对于改变体育教学中学生长期处于被动地位是一种突破和希望，这也是新课程标准中的新要求。希望以体育教学中少量课时来实现是较难以完成的。因为，只是在某节课或某个段来发展学生的自我学习、自我组织能力，是不连贯的。没有计划性的。针对这一点，发展学生主体性的教学模式应是以一个较大的单元为基础，逐步设计安排的，从而使得学生的主体意识的发展是可完成的，教师可以在较大的教学时间单元里来发展学生的这一素质。

（2）缺点

主体性体育教学模式更多是从观察者的角度来解释和理解学习的行为，以希望情结来追求"自我实现"。当前的学习环境和条件与此要求还有一定的距离。但不容忽视的是这一立场至今仍在坚持，它仍是影响当代学校体育发展的一个重要思潮，仍在不断影响着学校体育工作甚至已经成了现代课程演变的趋势。其分析与倡导的人文性、多元性、开放性等，为我们教育理论研究与教育实践的改革和转换带来了新思想、新观点，增添了新的活力，可把我们引向殷切向往的目的地。虽然其教育思的成功经验尚少，其理论体系亦尚未成型，其基本理念还存有争议，可操作性较小，难以在实践中实施应用，但其思想可作为我们教育现代化发展中的一种参考。另外，其弥足珍贵的超越意识和探索精神等也是值得我们学习与借鉴的。其意义，正如学科结构理论所指出的，在知识大爆炸时代，应寻求新的方法来向新的一代传授那些正在快速发展的大量知识。

（3）适用条件

a.以小班教学为主。

b.学生有一定的自觉性基础，适合初中高年级以上的班级教学。

c.学生对教学内容有一定的基础和熟悉度，没有较难的运动技术要求。

（二）快乐体育教学模式

快乐体育教学模式是把蕴藏在体育运动中的乐趣作为目的内容来学习的一种体育教学方法。它侧重于发展学生的感情因素，注重学生情感体验，运用多种教学方法让学生充分享受到运动的固有乐趣，改变其"不爱上体育课"的现象。这对于改进目前的体育学习只注重体育技能，只要求学生"懂、会"，不关注学生"乐"的教学现状有比较大的意义。

快乐体育教学模式与成功体育教学模式是运用最多的体育教学模式。两者之间的共同点是都关注学生的感情因素，注重学生情感体验。区别是快乐体育立足于学习内容乐趣的设计，成功体育教学着重于学生个体目标的建立与克服困难努力的过程，使学生获得成功的情感体验。

1.快乐体育教学模式的核心思想

"快乐体育论"这一概念，产生于20世纪70年代末期，是对20世纪学校教育影响较大的一个概念。国外某学者于1980年正式将体育"快乐"的概念规范为"触及运动特性的喜悦"，其中的意义是"由于追求快乐而获得了技能和体力的保障"。"快乐体育论"这一概念主要以追求体育的内在价值为目标，以进行运动快乐教育为特征。快乐体育的立足点是"以学生为中心"。为此，把追求快乐的过程作为体育课保证的原则，把快乐方法的学习"始终摆在学习过程的中心位置"。以追求"快乐"，养成自主、自发参加运动的态度为目标。以"挖掘教材的丰富体验——趣、美、乐"为着眼点。例如，山东某大学的一节接力跑课的组织设计，就能体现快乐体育教学的步骤：①分组火车快跑，每组纵队后面同学双手搭扶在前面同学肩上，听哨音开始比赛。②分组手拉手跑，平行站立相互拉手，听哨音开始比赛。③分组抱腰跑，平行站立相互抱腰，听哨音开始比赛。④分组挎肘跑，平行站立相互挎肘，听哨音开始比赛。⑤分组左斜线45°接力拉手跑比赛。⑥分组左斜线45°接力拉手跑比赛。⑦分组慢走学习"上挑式""下压式"传接棒技术动作。⑧分组慢跑学习"上挑式""下压式"传接棒技术动作。⑨接力比赛体会2次。该校老师积极挖掘教材的丰富体验——趣、美、乐，较好地实施了快乐体育的教学。

过去，学校体育目标对内隐性因素关注不够。而《新课程标准》首先从学生的角度出发，站在学生的立场，重新审视了学校体育的价值问题，从运动参与、运动技能、身体健康、心理健康、社会适应五方面具体描述了课程目标，且更注重学生的终身体育意识的培养和健康生活方式、态度的形成。体育教学回归其原始的、本位的目标，即追求娱乐、追求运动的乐趣，运动素质和运动文化只有在笑声和汗水中才能被潜移默化地接受和内化。运动技能的掌握与运动乐趣的获得从目标而言并不矛盾，没有技能的掌握，不可能体验运动的乐趣，不可能达到娱乐的目的，它们是相辅相成的。学校体育教学虽以身体练习为主要手段，但在掌握一定的运动技能和方法的前提下，应更多地关怀每个学生的不同体验，以强化其运动兴趣和乐趣的体验。

在快乐体育实践中，出现了许多令一线教师困惑的问题，尤其是如何处理运动技能的学习和体验乐趣这对长期以来相互冲突与矛盾的关系。如何使两者合二为一，真正使学生在体育课堂上能生动、快乐、主动地得到身心的全面发展？准备和引导是处理学生技能学习和乐趣体验的有效保障有关部门领导认为，在体育教学中，需要为了快乐的目标付出一定的艰辛和努力，没有努力就没有目标的快乐，过程快乐并不代表目标快乐，在教学中尽可能选择使学生快乐的活动。同时他认为教师的高明之处就在于让孩子们乐于、敢于接受磨练。

2.快乐体育教学模式操作程序

快乐体育教学模式操作程序，如图2-18所示。

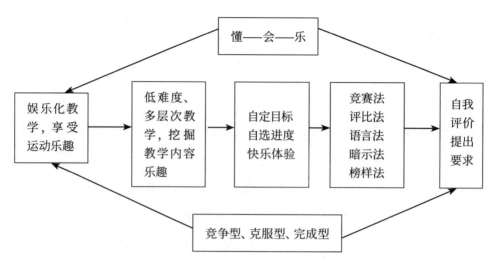

图2-18 快乐体育教学模式操作程序

3.快乐体育教学模式的指导特点与要求

快乐体育教学模式的指导思想具体体现在以下几个方面：

（1）注重整体教学思路，重视学习阶段设计

体育教学犹如一个平台，它承载着认知与方法、运动与技能、情感与态度，无论体育教学偏袒了哪一边，它都将失去平衡，影响教学的效果和质量。而大多数教师在实践时，对运动技能的准备较为充分，也开始注重学生的兴趣和体验，但很容易忽视学生的学习方法和运动过程中的"懂、会、乐"的收获，对此要予以注意。

（2）灵活运用教学方法。营造和谐合作气氛

在指导方法上，不强调把实现运动的外在价值作为形式方法，而是要把体验运动的内在价值，即运动的特性和快乐作为形式方法。提倡教学活动中学生认知、情感、行为的高度统一，达到运动技

能与体验乐趣的双赢效果。注重教材内容的创新和迁移,结合教学实际,合理运用激励和其他手段,强调师生之间、学生之间的多向交流,在形式与内容上优化教学环境,培养学生正确的运动价值观与运动行为习惯。教师应利用学生"爱运动"的良好动机,运用多种教学方法让学生充分享受到运动的固有乐趣,改变其"不爱上体育课"的现象。

(3)利用自身主要力量,开发改造教学条件

为了始终聚焦于围绕快乐体育的学习方向,教师应给予学生体育欲望和活动鼓励与援助。更重要的是教师能够自如运用自己的力量把快乐装满学习内容能丰富地获得和习熟教材,研究和构想出具体相关的教授行为的意图和手段。并以此为出发点而构筑起技术指导体系,不仅让学生"会",还要让学生"乐",实现"会"与"乐"二者的统一。这正是实施快乐体育教学模式的教师必备的指导领域。

(4)快乐体育教学模式,强调主要内在价值

快乐体育教学模式主要是以追求体育的内在价值为目标,以进行运动快乐教育为特征。由于快乐体育论所强调的不是手段快乐,而是强调学习目的和内容的快乐。快乐体育的追求目标是蕴藏在体育运动中的无穷乐趣。因此,我们对现有的体育教材要重新认识和分类,构建新的教材体系,有目的、有计划地使学生体验不同教材的乐趣,从中认识体育运动的本质,体验运动的特点,增加体育教学的深度。

4.优缺点分析与适用条件

(1)优点

快乐体育的目的一方面主要着重于发展学生的感情因素,注重学生情感体验,对于改进目前的教学现状有比较大的意义;另一方

面可以在无运动技术要求的情况下增加练习的时间，提高运动的能力。

（2）缺点

学习内容相对比较单调，学生的兴趣难以长期维持，因此需要体育教师不断变化教学方法与组织形式，以满足学生对体育活动的持续性兴趣与需要。

（3）适用条件

a.体育教师具有较为丰富的教学实践经验，善于开发运动项目的独特灵活的教学方法。

b.教学内容的难度较低，或在教学过程中基本没有技术难度要求。

c.比较适合各个年级的学生。教学场地、器材的要求普遍，能满足各组的教学与练习活动。①

---

①杨春越，林柔伟，蒋文梅.体育教学设计与实践[M].延吉：延边大学出版社，2017.

第三章
学校体育中有效学习与教学机制

高等教育中的有效教学是有组织的教学，其内容对学生来说是适当的和有价值的，教学方法强调教师和学生的参与，教师对教学充满热情，使学生得到发展。有效教学也是一种促进学生有效学习的教学活动，与有效学习相同。本章分析了一些关于体育中有效学习和教学机制的研究。

第一节 学校体育的有效学习

一、有效学习的概念

有效学习是内涵十分丰富的概念，它涉及学习者内在的学习需求（如兴趣、动机、探究欲望等）、外在的诱因（如分数或等级、物质或精神奖励等）、学习者的认知（如归因、期待、自我效能、目标定向等）以及意志和情绪、情感等诸多要素。因此，对有效学习内涵的理解及对其内在结构的分析理应包含所有这些因素，而不能以偏概全。除了知识学习以外，还应该包含学生情感意志、合作能力、行为习惯及交往意识与能力等多方面的发展。因此，有关学者认为，有效学习概念应包括三大因素：有效学习内在起因、外在诱因和中介调节作用，并将其定义为，在自我调节的作用下，个体使自身的内在要求与行为的外在诱因相协调,从而激发、维持行为的动力因素。我们认为这样理解有效学习是较为合理和科学的。正如国外某学者所说:"建立学习跟知识之间的和谐,是学奠基、累计、更新、校面临的最重要的实际和理论问题之一。"根据学习主体重组四阶段的学习动态变化与分化、组织、内容的不断加深,适时进行教学结构的重组是学习的关键,这也恰恰是体育学习的本质所在。有效学习研究弥补了这一缺陷,揭示了学习的性质,总结教学怎样安排、怎样指导、怎样学习、怎样认知、怎样解决学习问题的方法和途径,把这些方法和途径渗透到教学中去,可帮助我们从不同视角提高教与学策略。

二、有效学习的基本规律

规律是事物内部固有的、本质的、必然的联系和发展趋势。作为学习活动的基本规律,也必然反映学习活动诸要素与学习过程各阶段之间的本质联系和必然趋势。实践证明,了解和把握学习的基本规律有助于有效学习的进行,可保证设计和实施最优化的教学过程,对开展有效学习活动有重要的指导作用。学习规律有以下方面:

(一)记忆遗忘规律

记忆遗忘规律又称艾宾浩斯遗忘曲线,是19世纪末德国学者艾宾浩斯在对记忆的实验研究中发现的。该曲线表明记忆保持和遗忘的进程是不均衡的,在记忆的最初时间遗忘很快,后来逐渐缓慢;而一段时间过后,几乎不再遗忘了,即遗忘的发展是"先快后慢"。

这一规律告诉我们，遗忘是在学习之后快速进行的，要想防止和减少遗忘，就必须尽早地加以复习。进一步的研究表明，一是，熟练的动作，有趣形象的材料比无意义的材料保持时间长，遗忘得慢。二是，多种类型、多种感官的协同记忆比单一类型、感官的识记效果好。实验证明，单一视觉记忆率为70%，单一听觉记忆率为60%，视听组合记忆率为80.3%。事实表明，多种感官的识记活动可取得最好的记忆效果。三是，学习程度对遗忘有较大影响。研究表明，学习程度越高，遗忘越少。过度学习达150%，记忆保持效果最佳。比如，20遍后能恰好一次无误的正确背诵学习材料。这20遍便是100%。如果再继续学习10遍，其学习程度为150%就是过度学习。我国心理学家的实验表明，33%的学习程度遗忘率为57.3%，100%的学习遗忘率为35.2%，150%的学习遗忘率为18.1%。超过150%的学习为过度学习的限度，低于或超过这个限度，记忆效果都将下降。

(二) 序进累积规律

唯物辩证法告诉我们，不按照量变到质变的层次序列去学习知识，就不会有长进。这一规律指出，学习过程是知识经验的不断积累、从量变到质变的过程。知识经验积累到一定程度，就会使学习主体的智力发生质变(飞跃)，跃进到一个新的层次，所有的发明创造、科研成果都是这种飞跃的结果。人类认识世界是从简单到复杂、从现象到本质逐步深化的渐进过程，相应的思维发展也是由形象思维到抽象思维、由低级到高级的过程，只有按照知识的逻辑系统有序地学习，符合学习的认识规律和思维发展的规律，并有先进的方法指导，学习才能产生好的效果。学习不可一蹴而就，"不积跬步，无以至千里；不积小流，无以成江河"讲的就是这个道理。它告诚我们:"体育不是你思考的东西,而是你练习的东西。"体育学习方法是在练习过程中逐渐习得的。学生心理的变化与生成归根结底依附于学生自身的技能行为。也就是说,学生精彩观念的诞生是在技能练习之路上产生的,其最后的落脚点是练习的实践性。

(三) 学思结合规律

知识、信息被认知后,还需内化、理解、贮存和加工,使获得的知识升华,以改善原有的智能结构或形成新的智能结构。所以理解学与思之间的辩证关系,才能掌握学思结合规律。"学而不思则罔,思而不学则殆。"如果学与思分割开来,学习就绝无长进。恰如爱因斯坦所说:"学习知识要善于思考、思考、再思考,我就是靠这个学习方法成为科学家的。"这一规律告诫我们,体育学习不要停留在表面的感性的浅层机械记忆的认识阶段,还要有发展思维培养能力的练习,引发学生由技能表层找出运动本质的内在联系,才是有价值的。

(四) 知行统一规律

学思结合规律揭示了学习过程的感知、理解、保持等学习环节中的内在关系,解决了输入、贮存与内化的关系,但没有指出学习发展的最终实质是改造主客观世界的问题。知行统一规律揭示了学习的本质是知行统一。人的学习,既是学习生活,又是学习实践;既是为了知,更是为了行。恰如古代思想教育家王夫之所认为的:"只有在实践的基础上去努力学习,才能逐步达到对事物的深刻认识;做学问的人,从来没有离开行去求知的。"这指出了人的学习不只是单纯获得,而更重要的是落实到行上,落实到改造世界的实践上,因为学习的目的全在于应用。它告诫我们，只有从根本上改变传统体育教学只管教不管用的弊病，切实把课内教学与课外练习融为一体，保证运动知识技能的应用性，终身体育才有可能实现。

（五）环境制约规律

学习研究表明，人的学习受外部环境和内部环境的制约。如外部环境的师资力量、教学实验设施、教学方法手段、校园环境等，内部环境的生理、心理、认知能力等因素都对学习效果产生直接的影响。正如学者田慧生所说，校园环境的气氛决定教育系统的成败。恰如苏霍姆林斯基指出："用环境，用学生创造的周围情境，用丰富集体精神生活的一切东西进行教育，这是教育过程中最微妙的领域之一。"[①]也诚如著名小说家契诃夫所说："学生的精神状态，在大多数情形中，都是由环境培养出来的。"[②]那么，在他念书的地方，他无论走到哪儿，所看见的，都应当不是别的，而是宏大的、强壮的、优雅的东西才对。同样，为了达到这样的目的，2008北京奥运会在"绿色、科技、人文"奥运的号召下，每一项赛事都努力体现着中华民族对环境科学观、环境文化观、环境绿色观的认同感，体现了中国对环境文明的尊重与和谐发展的理念。

这一命题揭示，体育教学对环境有依存，环境对体育教学有动态性的制约。为此，体育教学要重视挖掘和运用教学环境中一切可利用的因素为优化教学服务，对教学环境的内容、形式、风格、意

---

①[苏]苏霍姆林斯基；朱永.苏霍姆林斯基教育箴言[M].北京：教育科学出版社，2016.

②[俄]安东·巴甫洛维奇·契诃夫；李辉凡.契诃夫精选集[M].济南：山东文艺出版社，1997.

向、情趣、氛围等诸因素从间接性、外在性进行布置、改造和构建，充分发挥环境"静中有动"的作用。以多样变化的学习情境条件，为学生的学习创设更加有利的准备状态，引起注意、促进动机、激活求知欲，以此来引导学生提高学习效果。如，借助场地器材的相邻法、重叠法、流水法、综合法的布置来提高课堂教学的科学性。如，借助体操垫的菱形、阶梯形、环状形的不同布置支持学习注意；借助语言停顿、口音、高低、快慢、击掌、哨音、不同面部表情等自然变化支持学习注意，借助校园场地、器材、线条、颜色的优美性、动态性的布置以支持学习注意并指导教学。

上述认知规律从多方面影响了学习现实世界的事物以及变化过程，梳理明晰了怎样学习，如何指导学习，组织学习的本质联系，比较接近于有效学习认识的论说，能够为我们掌握和运用理解有效学习这一问题，提供有益连接，可为教育改革和教学策略的设计和实践提供丰富的认识。虽然认知规律是抽象的，但对其的运用是具体的。一旦认识和把握了认知规律的内涵就可以在大方向的指导下，根据具体情境设计出有效的措施。比如，一些教师根据对记忆规律的研究设计出"时间控制策略"。在同一内容讲述后的第6天、第14天左右各进行一次测验，发现学生可以在无需课后复习的情况下掌握该内容，而且三次检测以后，学生几乎不再遗忘。如果没有理解记忆规律的真正内涵，仅从规律表述的表层上做文章，这位教师就不会设计出这样的教学安排。我们认为，灵活运用认知规律是有效教学得以成功的必要条件，可以为有效学习提供巨大的潜力，广大教师应当自觉意识到这一点，细心研究并且付诸实践。

三、体育有效学习基本理论

（一）体育学习与有效学习

相关学者认为，体育学习是人类学习的一种特殊形式，是在教师指导下，有目的、有计划、有组织、有系统地进行的。其内容包括知识和技能的掌握与形成、智力和体能的培养与发展以及情感态度、道德意志品质和习惯的培养与提高三方面。

有关学者在著作中将体育学习的内容分为体育知识学习、体育技能学习、体育能力学习与体育情感、态度和习惯等学习四大学习类别，如图3-1所示。对"体育学习"这一概念进行了如下界定：体育学习所要解决的一个本质问题，就是探明在学校教育的条件下，学生的体育知识、技术和技能的获得及其一般规律性。学生学的规律既是体育教育科学的基础，又是体育教育科学发展与进步的关键。所谓体育学习，是指学生在体育教师有目的、有计划、有组织的指导下，通过体育知识、技术和技能的获得、内化而产生的身心变化过程。

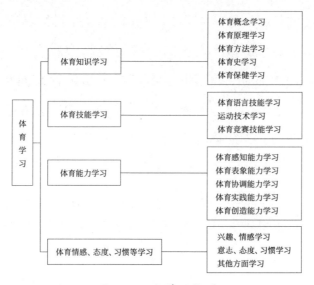

图3-1 四大学习类别

从以上论述可见，这种分类只限于学校体育的教学行为，并没有涉及学习者学习的行为，没有提出和鼓励学生经常使用他们自己的学习策略来获得知识、加工信息，并深化、扩展他们对知识的理解和把握，进而成为应用学习策略的行为，是不完善的。因此，我们认为体育有效学习就是指学生在教师的指导下，如何使学习策略成为行为。由于学习策略只是学习方面的一些具体技能，而不是行为，它解决的是"怎样学"的问题。事实是一种成功的、高效率的教学，除了解决"怎样学"之外，还必须解决"肯不肯学""好不好学"和"以什么态度学"的问题。因此，如何加强体育教学中养成学生善用学习策略的习惯，实现体育有效学习的保障，同样就成为我们要讨论与考虑的问题。

(二) 体育有效学习与学习策略

体育有效学习的认知源于学习策略的属性研究。所谓体育有效学习行为，不是指那种仅仅涉及事实的学习，而是衡量学习策略从低级向高级的尺度；是学习策略的起始状态、目标状态和一些解答途径构成的链接；是指个人各部分学习经验都融合在一起的行为。体育有效学习的本质，是帮助学习策略由初始状态向行为目标状态内化的行为过程，目的是不断加深对体育教学本质的探索，把握21世纪教学的性质，培养学习者形成学习策略，也就是学会学习。

当前学校体育存在两种教育看法，传统教学观表现在对客体（知识）的加工，教师赶进度"满堂练"。教师多讲，学生就多学，虽有偏颇，但学生学得到知识。新课程观表现在学生对客体（知识）的选择，教师以学生兴趣为主建构教学设计。体育教师不但应关注学生运动的知识与技能，同时要关注学生学习策略的形成与能力的转化。这正是体育新课程教学观改革的方向，即建立促进学生终身学习体育的能力评价体系，加强体育学习内容与学生生活经验、社会实际的联系，重在考查学生制定体育学习策略的能力、终身体育的观念等。

上文指出，体育教学必须为学习方法转化为学习技能的完成，提供合理的新程序和方法。那么，体育有效学习和学习策略制定是怎样实现的？

认知心理学将一切知识划分为三类：第一类是各个学科中的陈述性知识；第二类是指导学生去掌握陈述性知识的知识，称为程序性知识（操作性知识）；第三类是策略性知识，即关于如何使用陈述性知识和程序性知识去学习、组织、解决问题的方法。只有在策略性知识的指导下陈述性知识和程序性知识才能被有效地感知、理解、组织，才能有效地用来解决问题。策略性知识也是一种程序性知识，策略性知识是程序性知识的高级阶段。不过，一般程序性知识所处理的对象是客观事物，而策略性知识所处理的对象主要是个人自身的认知活动。也就是我们平常所讲的"习得了知识、习得了技能，就是不会用"，原因是我们忽视了策略性知识的练习安排。

那么我们在学习中该如何获得策略性知识呢？策略性知识的获得一般经历了三个阶段：第一阶段，初步了解老师所教的一些规则或步骤规则（也称策略），并能够陈述所学到的这些策略，也就是陈述性知识阶段。例如，通过学习篮球我们初步理解"上篮"和"投篮"这两个动作的规则，而且还可以加以陈述。第二阶段，根据教师所提供的应用该策略的示范在变化的情境下进行该策略的练习。如带防守的投篮、上篮。在这一学习阶段，你可能会体验到策略的有效性，有助于改进你的学习，提高你的学习效率，那么这种体验就会进一步激发你认真学习策略性知识的动机。例如，如何在不同情况下去运用。第三阶段，在大量变式练习的基础上，当你体会到策略适当应用与不适当应用的条件，并能够监控策略应用的过程时，那么所学习的策略就能有效地在新的情境中产生迁移。例如，你不仅能利用投篮、上篮的策略与同学们在一起练习，还能够结合战术用到它们，而且慢慢地还能够把投篮、上篮运用到比赛的实践中去，那么策略学习就得以进行。策略性知识对学会学习、有效学习有非常重要的作用。是因为只有当学习者认识到所掌握的那些规则将会对学习产生积极的影响时，学习者才会产生动机。接受它们并进行坚持不懈的练习，才有可能使策略性知识的学习得以进行，这也就是我们讨论体育有效学习的原因所在。

学习策略的特性在目前阶段仍处于潜在状态，还没有被广大教师认识运用于新课程实践。因此，通过有效学习的提出，力求显现学习策略这一特性，为解决新课程有效学习不足这一问题提供基本尺度，有助于推动广大教师调整教学观念，确立有效学习的目标意识。

许多优秀教师在长期的教学经验中深深体会到，在实践上，体育有效学习和学习策略包括两个重要的"转化"。

第一个转化是指学生获得的学习知识方法向学习技能转化。那么，采用何种教与学形式，安排什么样的教与学的活动，选择什么样的教学方法来实现它？一些优秀教师认为，这种转化需要通过示范和练习来完成。所谓示范，就是由教师先做出样子，或推荐学生中好的典型，使学生模仿着去做。经过反复练习就变成了学生完成学习活动的合理的行为方式——学习技能。还有一位中学体育教师在指导学生学习时是这样安排的。开始时，他给学生们做"先行者组织"

学习指导，后来，他只给学生提供一份学习提纲，让学生按照提纲做学习准备，再后来，连提纲也不发了，由学生独立完成学习准备的任务。经过一段时期，学生逐渐掌握了良好学习的方法。这位教师的经验表明，经过"示范——有指导地练习——独立练习"这三个相互连接的步骤，就可以实现有效学习，使学习方法知识转化为学习技能。

　　第二个转化是指学生形成的学习技能向学习策略能力转化。学习技能是在学习方法知识的指导下形成的、完成学习活动的合理行为方式，包括智力技能和操作技能。例如，体育学习中，既有抽象概括、判断、推理等智力技能，又有运动技术等操作技能。对于这一点许多优秀教师的经验是，学习技能转变为学习策略能力，必须经过第二次转化，即通过调节学习活动的完成过程，使学习技能达到广泛迁移的水平，并进入系统化、概括化并具有个性特征，才能形成学习能力。所谓"调节学习活动"，一是遵循记忆规律，通过多种情境和多种条件下的变式练习，使学习技能系统化；二是选择学习风格和学习方法，即适合于每个人认知特点的方法，使学习技能具有个性特征；三是通过及时、定期地检查，总结学习活动的情况提高学习效率，使所获得的某一学科的学习技能达到概括化水平，能更广泛地迁移到具有同类特征的其他学科之中。一般说来，学习技能的概括化水平越高，可迁移的范围越大，所形成的学习能力也就越高。在这方面，有位教师创造了一些很宝贵的经验。这位教师参加了"体育新课程教学实验"，在实验中。他十分重视指导学生总结自己的学习方法。每次课后，他都按小组布置学生写学习方法小结交上来，并进行总结、概括和引导。两个月后，从分组写小结到个人写小结。实验进行一年后，从交来的小结看，多数学生都能认真地总结自己的学习经验，包括从预习、听看示范讲解、做练习、相互帮助和复习五个方面的学习方法。学生的经验各不相同，较为生动丰富，一有新发现立刻有同学照着做。学生按照这一做法，不仅可以迁移到其他体育项目学习，还能迁移到其他学科学习，获得了广泛迁移的水平，形成学习能力。

从上文可知，提高体育有效学习与学习策略有着多样性的建构途径和方法、手段，只是由于我们过去将它简单化，降低了教学的认识活动，导致了教学过程的贫乏。因而，从体育有效学习行为入手对学习策略进行探讨，走出教学就是感知觉、记忆、思维等心理过程的反复和更替这一认识局限，已是当前体育教学认识论向前发展必要条件。

体育教学由学习方法知识转化为学生的学习技能，有以下具体实施路径供参考借鉴：

1.根据学生"最近发展区"特点，对学习信息进行选择和改造，是实现体育有效学习与提高学习能力的保障。国外某心理学家就教学与发展问题，提出了"最近发展区"的理论，他认为，我们教学至少要确定两种发展的水平，第一种水平是现有发展水平，第二种是即将达到或可能达到的水平，这两种水平之间的差距就是"最近发展区"。他还提出：我们的教学应当关注学生的"最近发展区"，"教学应当走在发展的前面"。我们教学中的主体是学生，学生是"发展的人""独特的人"，独特性意味着差异性，他们在身体条件、兴趣爱好、运动技能等方面都各不相同，"最近发展区"和"层次需要"也是不同的和不断发展变化的，因此我们要尊重学生的个体差异，从学生的"最近发展区"出发，在课堂教学目标的定位上要具体化、层次化，针对不同的学生提出不同的要求，制定的目标要"跳一跳，够得到"，我国传统教学中也有"跳一跳，摘果子"的优秀经验。学生也只有明确了适合自己的具体的、层次化的教学目标，才能认定目标、集中注意力，进行有的放矢、切实有效的学习，才能避免学习陷入盲目性和随意性，提高课堂教学的效率。这一命题指出，教学设计的目的不是弄清楚学科的范围和知识，而是将学科内容与教育目标和学习结果联系起来，从而为合理选择教学策略奠定基础。为此，教师的教，主要是根据学生的需要和能力，对外界信息进行选择和改造，帮助学生实现"最近发展区"的最大化。应遵循以下原则：

一是教师要留意观察分析学生学习的特点。

二是对待学习成绩差的学生，要做具体分析，区别对待。

三是教师要根据对学生学习风格的了解，在教学中有针对性地提供与其学习风格相匹配的教学方式。

四是教师要引导学生认识自己的学习风格特点，促使学生把学习风格转化为学习策略。

2.注意鉴别并发展学生的弱势运动智能领域，是实现体育有效学习与提高学习能力的保障。多元智能理论告诉我们，每一位学生都同时拥有智能的优势领域和弱势领域，而且提出在每一位学生充分展示自己优势领域的同时，应将其优势领域的特点迁移到弱势领域去，从而促使其弱势领域得到尽可能大的发展。因此，教师要对每一位学生的优势潜能，给予充分的肯定和欣赏，树立学生学习的自尊自信。同时要自觉地为每一位学生设计"因材施教"的方法，采取多种形式，在多种不同的学习情境中进行。帮助学生发现和建立其智能的优势领域和弱势领域之间的切入点，提供运用自己的运动智能强项来发展弱项的机会，引导学生有意识地将其进行优势领域活动所表现出来的智能特点和意志品质迁移到弱势领域中去,从而使学生的学习能力能够得到均衡的发展,使教学名副其实地成为促进每一个学生学习能力充分发展的有效手段。

3.设置情境,生发矛盾,挑起认知冲突,是实现体育有效学习与提高学习能力的保障。"设置情境,生发矛盾,挑起认知冲突"是建构主义教学设计原则,也是新课程教学发展的方向。教学过程设计要为学生开发多种形成学习策略行为的训练教程及具有挑战性的学习环境与问题情境,以诱发、驱动学习者的探索、思考与解决问题的学习,随着这种成效的累积而获得提高,使学习能积极转化为行为和推动的力量。正如苏霍姆林斯基所言:"教学方法的运用要使学生从中产生发现的惊奇、自豪、满足求知欲的愉快和创造的欢乐等各种情感体验,而带着高涨的、激动的情绪进行学习和思考,就会使教与学成为一个充满活力和激情的活动。"①

以上从学习能力认识的角度揭示了体育新课程学习的思路。体育有效学习是一个与学习者风格匹配的过程,是个体学习方法在具体场合的运用,体现着学习者个人的学习风格。如果体育学习活动只注重教学一方,而不提供学习能力情境复现再认知的训练与指导,就会出现"边建设边破坏",严重抹杀教学效果。建立这一基本认识对制定体育有效学习与教学是至关重要的。实践表明,体育有效学习是以学习者的认知行为为核心的"风格性学习"与教学"运算性设计"相结合构成的习得教育。只有使教与学的行为系统相统一,才能产生稳定的体育有效学习,教学才会有成功的"兴高采烈"。

---

① [苏]苏霍姆林斯基;朱永.苏霍姆林斯基教育箴言[M].北京:教育科学出版社,2016.

四、建立研究学习策略的体育教学体系

从上文中我们得知，体育教学必须是完成有效学习和学习策略的过程的实现。正如教育家告诫世人所说的，现代社会非学不可，非善学不可，非终身学习不可。当今教会学生学习策略，已成为21世纪学校教育深化改革的共识和教学的制高点，日益受到重视，逐渐成为教学理论关注的课题。要学会学习，就必须理解学习策略。

(一)学习策略的主要含义

学习策略作为一个完整的概念是在布鲁纳提出"认知策略"之后出现的。国内外学者对学习策略的界定标准主要是学习策略是否是学习者有目的地进行信息加工的活动，是否是对学习方法的选择和运用的最优化方案。"目的是教会学生学习。

分析比较有影响的观点，大致有三种：

第一类观点，把学习策略看作学习的规则系统。指出学习是一种有目的的系统活动，存在一系列思维认知的规则。

第二类观点，把学习策略看作是学习过程或步骤。指出学习实施方式不是程序，是具有选择与调控的方法和技巧的过程。

第三类观点，把学习策略看作是学习活动。强调学习是一种动力系统，具有直觉的创造，动态的认知。

国内有些著名学者认为，根据学习情境的特点和变化选用最为适当的学习方法的过程才是学习策略。学习策略是指在学习活动中，为达到一定的学习目标而学会学习的规则、方法和技巧；它是一种在学习活动中思考问题的操作过程；它是认识策略在学生学习中的一种表现形式。

　　许多学者对学习策略进行了总结,对学习策略的分类提出了自己的观点。他们认为,学习策略包括认知策略、元认知策略和资源管理策略三种。

　　以上叙述反映人们对学习策略的不同理解和认识,从不同角度揭示了学习策略的特征。这对帮助深入理解学习策略是有积极借鉴作用的。我们认为学习策略属于学习方法的技巧层面,是个体学习方法在具体场合的运用,体现着学习者个人的学习风格。由此可见,所谓学习策略,一是学会根据自身基础和主客观条件,计划、调控和评价学习信息,辨析学习过程,把握学习重点和掌握学习方法。二是能够用最短的时间、尽量少的精力,以最快的速度获取尽可能多的知识和技能。三是能学以致用,不断丰富和深化自己的学习,适应进一步的学习和社会发展的需要。换言之,就是学会自主学习、学会高效学习、学会学习方法、学会学以致用。正如美国心理学家加涅认为,认知策略是学习者用以支配自己的心智加工过程的内部组织起来的技能。①这揭示出学习策略所解决的是关于"如何调节学习和控制学习"的问题。如果把学习方法视为"战术"范畴,那么学习策略则是属于"战略"范畴。也就是说,只有懂得学习原理,掌握学习方法,又能灵活运用,善于调控自己的学习活动,才能取得良好的学习效果,进而真正学会了学习。其目的是为了使用较少的精力消耗,高效地完成学习任务。

　　体育学习策略是一个随体育学习活动而出现的学习策略,自然同属于学习策略范畴,只不过更注重、更强调体育学习的本质而

①侯斐弘.浅析加涅的教育心理学理论[J].心理医生,2018,24(15):326-327.

已。体育学习主要是运动技术的学习掌握与提高，主要是解决动作知识技能知与不知、懂与不懂、会与不会、乐与不乐的问题。这一特点对于体育学习策略具有重要的影响。基于此，某学者认为体育学习策略是个体在特定的体育学习环境里，为了达到特定的体育学习目标而对学习步骤与学习方法所做的优化组合与精巧安排。

如果说体育教学是一个学习过程，则学习策略就是体育学习过程中的动力系统，它对体育学习过程具有助动和调控作用。因此，新体育课程标准目标不仅包括认知（知识技能学习的规律）、认知过程的控制与调节（情感、态度与价值观），还包括学习过程中的个性心理品质（学习过程与方法）。它重视学习过程的多维心理参与，落实了知识技能、学习与身心和谐发展的任务，克服了以往那种由于教育目标的偏差，而导致过于重视技能传授，进而把学习策略当作副线的现象。但由于缺少行为过程的支持和情感的体验，它导致知识技能的掌握难以落到实处。为此，在知识与技能目标教学设计中要认识"知与乐"、运用"知与乐"，而不是仅以此为口号。要按知识与技能、过程与方法、情感态度与价值观三个维度的匹配性，将不同性质的学习内容进行科学设计合理搭配。由此，如何使得学习策略与教学目标、学习内容、学习方法和个体心理特点得到有机的匹配，就成为体育新课程教学要解决的问题。

（二）学习策略培养的要求与方法

相关学者还设计了使用录像带进行的刺激回忆法、同伴辅导法等。对学生的元认知意识水平和策略的使用进行诱发、估价和分析，从而为学习策略的培养提供了依据。由此可见，只要条件具备，学习策略是完全可以进行专门教学的。学习策略教学能够促进学习者对知识的掌握和能力的增强。

1.学习策略教学的基本要求

学习策略训练是否有效，不仅取决于训练内容，也与如何训练密切相关。有关学者认为，在学校中贯彻策略的教学训练，必须解决一系列问题。其中典型的问题有：①应当教哪些策略以及应当教给谁；②为了使教学有效，在学习策略教学中必须包括哪些成分；③在课堂教学中如何进行学习策略教学；④在学习策略训练之后，学习策略的使用是否保持和概括到其他类似的情境中。因此，学习策略的有效性和可教程度的选择主要应遵循以下要求。

（1）实用性与理论性相结合

在选择策略时，既要考虑这些策略的潜在作用及训练它们所需要花费的努力程度，又要能够用一定的理论说明它们为何起作用和怎样起作用。

（2）具体性与一般性相结合

学习策略教学既要突出某类特殊策略，又要考虑教给学生具有通用性的策略。一般来说，所选择的策略应该既可用于特殊材料，又有较广阔的适用性。这类策略可起到一箭双雕的作用，不仅可促进特殊学科的学习，也可促进迁移。

（3）有效性与可教性相结合

教学所选择的策略必须是学习中的重要策略、常用策略，并能对这些策略的结构进行分析，能确定其心理成分及其联系与顺序，使学习策略教学的步骤能具体化、操作化，还应具有便于教学的特点。

2.学习策略教学的基本内容

美国一些心理学家在1983年的研究中发现了这样一种现象，当教儿童某种记忆方法时，他们能很好地运用这些策略，但在后来要求他们完成类似的任务时，却不能自主地运用这些策略。学者们把这种只教个体使用学习策略，但不帮助他们理解这些学习策略为什么有用及什么时候能用的训练称为"盲训练"，即受试者获得的学习策略知识处于僵化状态。因此，他们认为学习策略训练应包括三种因素：一是教给学生学习策略并让学生巩固练习；二是教给学生自我执行及监控学习策略的使用方法；三是让学生了解学习策略的价值及其使用的范围。

为此，目前多数研究者认为采取专门的训练并与学科结合训练交替进行的模式较为有效，且提出了有效策略教学的几个要一点：①注重知识掌握；②策略教学应有技巧；③促进策略迁移等。

3.学习策略教学的方法

（1）采用灵活多样的教学方法。有些学者认为，教学方法的选择应根据学习策略的内容、不同的教学对象来确定。但无论采取何种教学方法，都应注意以下几点：①必须能激发学习策略的认知需要；②能提供学习策略的具体、详尽的步骤；③要依据每种策略选择多个恰当事例说明其应用的多种可能性，使学生能形成概括化的认识。

（2）科学安排教学次序。应先易后难，先简后繁，即循序渐进。先学基础的，应用范围较广的；后学较特殊的，应用范围较窄的，即具有一定的累积性质。

（3）及时复述策略的使用。及时复述策略的使用有助于学生的注意集中在任务的重要特征及关键点上，有助于知识的编码和贮存。因此，教师在讲解学习策略后，应立即让不同程度的学生复述教师所讲策略，甚至在讲评作业时，也让学生讲评或纠正，促使学生将所学策略内化。

（4）训练的内容及制定的目标应符合学生现有知识和能力状况。学习策略的教学也同一般知识教学一样，必须考虑学生的可接受性。尤其是专业性强的学科学习策略训练，更应考虑学生的原有知识基础。学科学习策略训练的实践证实，训练所涉及的知识难度必须与学生原有知识难度相当，否则训练无效。

（5）训练不宜密集进行。大量学习策略训练的实践证实，训练不能密集进行，不能在短时间内采用大量练习的办法。较有效的方法有三种。①适当地延长训练内容的间隔，使学习者有充分消化、理解的时间。②学习策略的学习如同知识学习一样，是一个过程。学习者在一定程度上掌握某种学习策略后，训练不应停止，而应继续进行。在学习新策略时，安排一些学过的例子、方法，使学过的策略不断地得到运用和巩固。③每次训练只能围绕一个中心进行，切忌贪多求快。

4.体育学习策略的培养要求与方法

根据体育学习策略在认知—运动信息加工过程中的作用，体育学习策略包括体育学习认知—运动策略和认知—调控策略。

（1）体育学习认知—运动策略要求

体育学习认知—运动策略是对体育运动的有关信息进行有效的识别、理解、保持和提取的策略。具体包括选择性注意策略、练习策略、精细加工策略。

①选择性注意策略。是指将注意指向有关重要的体育学习材料的策略。体育教师教学指导时应注意：引导学生将注意力集中于运动动作的关键点和学习的难点上；指导学生学会合理分配注意力，学会观察的顺序；将观察与理解、记忆有机地结合。

②练习策略。是指学生有意识、有计划、有系统地为提高体育学习效果所采取的策略。体育教师教学指导时应注意：帮助学生理解练习的目的，练习的要求，练习的步骤；学会合理地选择练习的量，提高练习的质量，减少练习的盲目性。

③精细加工策略。精细加工策略是指将新学习的材料与已有的体育知识技能有机联系的策略。体育教师教学时应注意：引导学生把已有经验的知识与新知识、新技能衔接交流，以类比或比喻等方法同化学习者，形成新的高效学习表征。

(2)体育学习认知—调控策略要求

体育学习认知—调控策略是指学生能根据自身基础和主客观条件，计划、调控和评价体育学习信息，辨析学习过程，优化学习的具体策略。体育教师教学指导时应注意：为学习者提供"认知路线图"，通过逐步分化类比揭示学习材料的逻辑顺序，引导学生把握知识不同层次之间的关系。对学习任务、材料、方法与策略等任务操作因素进行自我指向的反馈和调控。增强学生认知结构的组织，促使学生学会认知，形成良好的认知结构。

(3)体育学习认知—指导策略要求

①在难点上及时给予帮助，增强学生学习信心。

②鼓励学生自己提出所要达到的目标。

③提供学生参与教学和改善教学的机会。

④帮助学生及时分析成功和失败的经验。

⑤引导学生去体验和享受学习进步或成功的乐趣。

⑥教师对学生的进步应表现出充分的关注。

⑦用恰当的表扬和鼓励，避免用威胁和监视的方法去强迫学生学习，那样会破坏学生的学习兴趣。

有以下具体实施特征和方法供参考借鉴：

①培养学生的学习策略，是有效教学行为的标志之一。

法国杰出的哲学家、数学家笛卡儿指出："最有价值的知识是方法的知识。"中国古代也有"授之以鱼不如授之以渔"的名言，宋代教育家朱熹认为，教师只是引路之人，强调教给学生"为学之方"。当代教育家叶圣陶曾多次指出：教是为了不教，主张让学生学会学习。由此可见，"教会学生学习"早已成为教育家们的共识，我们应把它作为教学改革的指导思想。由于学习策略在学习过程中具有重要的作用，体育教学应加强学生对自身体育学习过程认识的教学设计，引导学生自觉地运用学习策略认知知识来调节与监控自己的体育学习过程，帮助学生获得并掌握正确的学习策略认知知识，以进一步促进学生学会体育学习。

②转变传统的教学模式，丰富学生的学习策略认知体验期，是有效教学行为的标志之二。

体育教师应从"教师本位"的旧观念中解脱出来，把教推向学。教学的重心应由以传授知识和技能为主转向教学生学会学习。我们怎样学习比我们学习什么要重要得多。因而在体育教学中，应强化师生间、学生间的人际互动，激发学生的体育学习动机、参与意识和主人翁的态度。引导学生主动参与体育活动；把接受学习和发现学习结合起来，创设各种学习情境，生发学习矛盾，引导学生进行学习方法和学习策略效果的分析和总结，从而不断地调整、控制学习活动，提高学生学习策略的应用能力。如依据教学三维目标布置一个活动任务以后，让全体学生都来为解决这个任务阐述一系列的完成步骤以及设计如何对结果进行评价。这种解决问题学习的目的在于强调体育学习的过程而不仅仅是结果，有利于学生加强对自身的学习过程的认识、调节与监控,丰富学生的学习策略认知体验,促进学生学习与成长。

③指导学生选择学习策略,培养学生学习策略的行为,是有效教学行为的标志之三。

能否有效地使用相应的学习策略,是区分学习者是否已"学会学习"的重要标志。大量研究也证明了这一点,学习能力强的学生具有较多的有关学习及学习策略方面的知识,并善于监控自己的学习过程,灵活应用各种策略去达到特定的目标。学习能力差的学生则正好相反,虽然他们在有关知识水平方面同许多学习能力强的学生基本相同,但是他们有关学习及学习策略方面的知识却比较贫乏,也不善于根据学习材料、学习任务的不同而灵活地采用不同的策略"。因此,培养学习策略认知行为的关键在于学习认知策略的训练。学习认知策略涉及学生的体育学习全过程,它引导着学习时做什么,不做什么;先做什么,后做什么;用什么方式做;做到什么程度等。因而在体育教学中,体育教师要预设各种体育学习认知情境,指导学生选择学习策略,让学生在具体学习运用的过程中获得学习元认知体验,帮助学生有效监控或调节自己的学习策略,形成学习策略的行为。正如法国思想家、教育家卢梭说:"形成一种独立的学习方法,要比获得知识更重要。"第一,体育教师要指导学生认识到自己和同伴在能力的类型方面存在的差异,如有的同学学习策略能力强,有的同学学习策略能力弱。体育教师应让学生相互交流,让学生学会自觉主动地分析出各自的优缺点。第二,创设不同学习情境设置,让学生分析交流处理的体会,帮助学生获得正确的关于学习认知策略的知识。第三,分别指导学生按照自己的认知特点、风格来选择适当的方法进行体育学习。做到学思合一、知行统一。

④提供教学评价反馈,指导学生调节与监控自己的学习过程,是有效教学行为的标志之四。

教学评价是教学过程中不可或缺的一个基本环节。由于它对学习活动具有反馈、调控、改进等功能,因此在体育教学中,培养学生的学习评价能力,是培养学习元认知的必要手段。为此教师应在体育教学中创设一个师生之间、学生之间良好的互动环境,给学生提供反馈的机会,引导学生将教师的外部反馈转化为学生对自己的内部反馈,并逐渐成为一种良好的学习习惯。如学生在体育学习中有时意识不到自己的错误,体育教师可以先提醒他们可能忽视了某些重要环节,而不必直接指出学生的错误;也可让学生中的体育骨干代替教师进行示范或提供相关信息,这样使学生更容易接受和理解;或者让学生得到自己理解的反馈信息,并主动对错误进行分析,教师只是在旁加以指点与评价等。只有这样,才能实现从教师的外部组织向学生的内部组织、从教师主导向学生主体的过渡,从而达到教学生学会学习的目的。

常用的方法:

①分析学习策略法。教学经验证明,让学生事先了解学习历程,引导学生根据学习内容拟定学习策略,制订学习步骤,提出注意事项,可促进有效学习的成效。

②学习成果分享法。相关研究指出,指导学生相互交流学习心得,彼此分享学习成果。可转化为有效的学习策略认知模式,促进学生学习与成长。

③同伴合作辅导法。心理学家指出,学生在学习过程中的反应影响着同伴的学习行为。同伴的学习经验与策略可为学习提供参考,解决学习困难,提升同伴的学习能力,有效增进学习成效,对有

效学习有正面的效用。

由此可知,体育学习策略的目的就是学会学习。什么叫学会学习? 苏霍姆林斯基指出: 学校面临的主要任务,首先是教会孩子学习。通过具体的学习方法的使用和熟练,转化为一定的学习能力。如教会学生用思维的方法去思考,当达到熟练程度时就能促进学生思维的提高,改进学生思维品质。既提高学生学习的积极性和科学性,又能达到促进学生举一反三的目的。学习指导的目标和内容可以概括为四点: ①学习需要、动机、兴趣、毅力、情绪等非智力因素的指导,主要是解决学习目的和学习动力问题。②学习过程各环节及其方法的指导,主要解决学习方法问题。③学习能力的指导,主要解决学习能力问题。④各科特殊学习方法与学习能力的指导。正如苏联著名心理学家彼得罗夫斯基所说:"能力不是表现在知识、技能本身上,而是表现在掌握知识技能的状态(过程及品质)上。"因而,"学会学习"不只是方法论的命题,而且也是认识论的命题,是一种教育观念和学习观念。恰如国外某未来学家提出的一句影响深远的名言——未来的文盲不是目不识丁的人,而是那些没有学会怎样学习的人。

第二节 学校体育的有效学习机制

一、社会交往对有效学习机制的影响

心理学研究表明,学习不仅是一种个体获得知识和发展能力的认识过程,同时也是一种人与人之间的交往过程。学习认识活动与

交往有着密切的关系，是提高学习机制的重要手段。有关心理家在社会建构主义的学习理念中指出：学习是人所特有的高级心理结构与机能，这种机能不是从内部自发产生的，而只能产生于社会的协同活动和人与人的交往之中。这揭示了"学习活动"和"社会交往"的重要作用。我国古代教育家孔子也提出"学思结合、学行一致"的哲理。这些都指出了社会交往是学生"文、行、忠、信"之间相互联系的活动方式与途径，可弘扬个性学习力。

二、师生交往对有效学习机制的影响

国外某教育家提出"教学——这是交往"。我国学者在教学认识论中指出，师生关系是保证知识学习关系的重要前提。只有在双方相互理解、相互配合的合作状态下，双方才能指向共同的认识对象，进行统一的认识活动。没有师生间交往这个机制，教师很难了解学生的学习状态，也难以形成有效学习的机制。这一理论说，为有效学习的认识与交往之间的辩证关系揭示了特性。交往是教学认识的前提和条件，没有交往就没有教学。

三、师生情感对有效学习机制的影响

心理学研究证实，情感是交往的基础。《学记》中说："亲其师，信其道，才生于情。"情绪情感为认知活动提供良好的心理场和心理动力场，对学习、班风、学风的气氛起着激发的作用。国外某哲学家就非常强调人的"情感反应模式"对人的行为作用。认为人情感反应形成什么样的模式，与他后来有什么样的习惯、态度是密切相关的。还有教育家也同样强调，在教育范畴里，感觉和情感比理性更重要。

四、学校风气对有效学习机制的影响

相关学者认为课堂教学的实践可以理解为由三个范畴构成的复杂的活动。第一范畴，构成教与学这一文化实践之中心认识形成与发展的活动范畴。第二范畴，构成介于教与学的认识活动之间并促进该活动的人际关系的活动。第三范畴，是在该活动的主体—教师与学生的关系中构成的。在教与学中教师与学生不仅构成同客体世界的关系，确立、维护人际关系，而且生活在自身世界中，展开着探索自身的存在证明、改造自身的关系的实践。传统教学论仅限于第一范畴（认知过程），而失落了第二范畴（社会过程）与第三范畴（内省过程）。这一论断启示学习不能仅从认知过程去理解，还要从心理学和社会学两个角度去认识—知识的社会建构性，理解学风是形成科学的学习习惯和品格的基础，是推动学习进步和达到理想学习目标的保证。良好的学风一旦形成将对学习产生深刻、持久的效应。

五、合作学习是提高学习机制的手段

合作学习作为一种学习方式被凸显出来，是基于它独特的理念。合作学习倡导者认为：在课堂上，学生之间的关系比任何其他因素对学生学习的成绩、社会和发展的影响都更强有力。这种生生互动的学习态度与传统的教学观形成了鲜明的对照。合作学习生生互动这一交流方式的充分开发利用了教学中的人力资源,为现代教学系统注入了新的活力,把教学建立在更加广阔的交流背景之上,这对于我们进一步正确认识教学的本质,提高学生学习的参与度,增进教学效果,具有重要的意义。合作学习的有效意义表现在:第一,促进知识增值。因为知识在对话中生成,在交流中重组,在共享中倍增。第二,活跃学生思维。正如古人言:独学而无友,则孤陋寡闻。缺少交往学习很难产生思维的碰撞和创造的火花。

六、自主学习是提高学习机制的手段

1972年有关部门在相关报告中指出:“我们再也不能刻苦地一劳永逸地获取知识了,而需要终身学习如何建立一个不断演进的知识体系—学会生存。”这告诉我们,在人类自身总量飞速增长和自身发展日新月异的新形势下,已不能把一个人的生命机械划分为青年时代的受教育期和成年时代的劳动期。深刻地指出了终身学习和自主学习的必要性,是21世纪的生存概念。不学习或不会自主学习,个人就不能成才发展,社会就不能进步,国家就不能强盛。只有具备自主学习的能力,我们才能适应时代的潮流。为此,现代教学论指出,教学过程是一个“从教到学”的转化过程,是老师指导学生从依赖学习到独立学习的过程。它突出表现学生在学习活动前,能够对自己的学习过程、学习状态、学习行为进行自我观察、自我审视、自我调节;在学习活动后,能够对学习结果自我检查、自我总结、自我评价。因而,自主学习是提高有效学习的机制和重要手段。它能有效地解决“学习动机”“学习什么”“怎样学习”等有关问题。教师要通过教学流程和各种课程资源的运行支持,创设情境,让学生完成学习与自我的双向构建,培养学生获取、处理信息的能力,形成自学自练终身体育学习的习惯。

综上所述,由于有效学习的个体差异具有多层次性、多结构性、多变化性等特点,由于教学情境的不确定性和非线性,是教师的教学机智和教学艺术向纵深拓展的契机,是一种生成性教学资源。为此,教师应及时捕捉其中所包含的生成性因素,展开合理的有效教学。因而,有效学习是一连串再学习与再修正的过程。

对有效学习的论教,可从学生的情绪状态、注意状态、参与状态、交往状态、思维状态、生成状态六个方面进行评价:

(一)情绪状态:学生是否具有浓厚的兴趣,是否对学习具有好奇心与求知欲;是否能长时间保持练习活动,学习过程是否愉悦;学习愿望是否不断得以增强。

(二)注意状态:学生是否始终关注学习内容,并能积极投入思考;是否始终注意教师的指导要求;是否随时了解学习策略并融入学习中,做出有效性的学习应答。

(三)参与状态:学生是否全身心参与学习活动;是否积极主动地投入练习,并兴致勃勃地与同伴相互观摩,自觉地进行合作练习。

(四)交往状态:看整个课堂气氛是否民主、和谐、活跃;学生在学习过程中是否能互相帮助与互相合作;是否能虚心听取他人的意见,尊重他人的指导;遭到困难时学生能否主动交流、合作,共同解决问题。

(五)思维状态:学生是否围绕学习的内容积极思考、不断改进提高,能否用自己的语言阐述学习领悟的观点,是否能修正学习上的错误,并展开争论。

(六)生成状态:学生是否能从不同角度思考所学习的内容;学生的学习能力、应用能力和创新能力是否得到增强;学生是否有满足、成功和愉悦等积极的体育体验;是否对未来的学习充满了信心。①

第三节 学校体育的有效教学

一、教学有效性的理解

在不同的历史时期,人们对有效教学有不同的理解。但有一个基本的近似的理解:通过提高效率,以促进学生的进步与发展,有效地达成预期的教学目标。对这一论题的研究,从理性的反思到理论的建构,再到实践模型、策略的探索,研究的兴趣日益高涨。有效教学的问题既是技术层面的操作,更是一个价值层面的澄清与选择问题。技术层面要回答有效教学如何实现的途径、方法和步骤等问题。从技术层面到价值层面看,有效教学至少经历了三种追求:

(一)提高教学效率,建立教学程序

为提高教学效率,教得更多,教得更好,夸美纽斯建立了"感知—记忆—理解—判断"的教学阶段论,赫尔巴特提出著名的"明了—联想—系统—方法"教学四段论,还有凯洛夫的六段教学法

---

③杨春越,林柔伟,蒋文梅.体育教学设计与实践[M].延吉:延边大学出版社,2017.

等。由夸美纽斯引领，经过赫尔巴特的充分发展，加上凯洛夫教育学的加工与改造，这种以适应班级教学的"教学模式"终于形成。后来人们将这种教学模式概括为"三个中心"："教师中心""教材中心""课堂中心"。于是导致在有效教学研究中，片面关注教师的教学技巧、策略与方法的思维模式，以泰罗的"科学管理原理"为效仿模式，以"效率"为课程实施的衡量标准。这样学生成了"原料"，学校成了"加工厂"。保证相应行为水平的数字符号（分数）就成为了标准。

（二）挑战教学程序，转变教学模式

随着有效教学实践以及相关研究的深入，人们开始意识到课堂教学不再是可以完全预测的、静止的，意识到每堂好课具有不可重复性，每个学生都是独特的。人们对"大一统"的、"普遍"的教学模式逐渐产生怀疑，教师有了"教学策略"意识，从静止的教学模式转向流动的教学实践。这样人们就开始关注和讨论"教学设计"。有效教学便开始朝着建构转向个性化的、情境化的、多元的"策略教学"模式的方向发展。

（三）具备一定的"有效教学价值理念"

随着社会政治和经济进步的不断深入与发展，人类对教学价值的认识及追求逐渐清晰，从远古时代的"为生存而教"，到为社会发展"掌握知识"，再到当今知识经济时代的尊重生命"为发展而教"。有效教学价值层面不断追问和澄清"人"教学设计的思路，有效教学应该是什么、为什么这样做、怎么做才能最好等问题。建构主义发现了学生的"主动精神"，多元智力发现了学生的"多种聪明"，人

本主义发现了学生的"学习价值"，这样有效教学就真正有了教学理想和理念。

二、有效教学价值层面和技术层面的融合

如果说有效价值层面理清有效学习思路，那么有效教学技术层面就是追求教学设计的修改和完善。

对于如何提高教学的有效性，国内外学者做过大量的调查研究。有学者认为，影响有效教学的因素有：导向因素、教师因素（品德、学识、技能、作为）、课程标准因素、教材因素、教法因素、学习者因素、组织形态因素、教学评价因素、时间因素、环境及设备因素。在诸多因素中，教师因素应该是至关重要的因素，因为教师如果不掌握有效教学的理念以及有效教学的策略、技术，即使具备理想的课程计划、课程标准、教科书、教学环境和条件等其他因素，其结果仍然是纸上谈兵。古往今来，国内众多教育家对有效教学含义的理解有很多，概括起来主要有以下两种观点：

（一）教学效果、教学效率、教学效益

这种观点认为，教学有效性是指教师遵循教学活动的客观规律，以尽可能少的时间、精力和物力投入，取得尽可能多的教学效果，从而实现特定的教学目标，满足社会和个人的教育价值需求而组织实施的活动。它包含三层意思：

1.有效果

即教学活动结果与预期教学的吻合程度，教学活动结果要与预期的教学总目标相一致，这样才算是有效教学。

2.有效率

即沿用经济学的概念将教学效率表述为教学产出（教学效果）与教学投入的比值。教学投入是师生双方为实现教育目标而投入的时间、精力及各种教育资源的总和；教学产出是指教育目标的实现程度，包括学生知识、技能的增长，身心素质的进步、成熟，个性的成长，创造力的培养以及教师素质的培养和教学能力的提高等方面。实践中的有效教学也可表述成教学所得与教学所耗的比值。

3.有效益

即教学目标与特定的社会和个人的教育需求是否吻合以及吻合程度的高低，一般从质和量两个方面进行评价。

（二）教学有效性规定的三个方面

1.促进学生的学习和发展是有效教学的根本目的，也是衡量教学有效性的唯一标准。

2.激发和调动学生学习的主动性、积极性和自觉性是有效教学的出发点和基础。

3.提供和创设适宜的教学条件促使学习者由最近发展区到最佳发展区，是有效教学的实质和核心。

总之，无论上述哪一种观点，对于有效教学而言，都应始终关注学生的进步与发展，这就要求教师必须明确学生的主体地位，树立"一切为了学生的发展"的思想；要有"全人"的概念，即学生的发展是人的发展，而不是某一方面的发展。同时，评价教学的有效性，不仅要注重量的方面，也要注重质的方面。

那么，什么是"体育有效教学"？"体育有效教学"意味着教师能够有效"讲授示范"、有效"提问"、有效"练习"、有效地"激励"学生。为此我们认为，体育有效教学行为是教师教育行为、教学理念与观点的显像，是教学设计的有机组成部分，是为实现教学目标和适应学生学习的需要而采取的教学行为方式。因此，体育有效教学的行为就是在教学活动中，教师采用各种方式和策略，用最少的时间、最小的精力，取得尽可能多的教学效果，促进学习者由最近发展区到最佳发展区。具体来说，三个方面分别是：

以创设学生学习方式的有效性发生为条件，展评学生有效学习的策略。指对学生学习活动结果进行考察衡量。

以教师教学策略的有效性为条件，展评教学效率。指对有效教学时间的实施进行考察衡量。

以教学目标的三维有效性为条件，展评教学效益。指对教学活动的收益/教学活动价值的实现进行考察衡量。

体育有效教学的评价标准就是在教学活动中的总体成效，可从以下四个方面判断：

一是教学价值，即能否满足学习者的学习需要；是否做了值得去做或应该去做的事情，是否全面促进了学习者的发展。

二是教学效果，即是否达成了学习者所要实现的目标，教学是否做好了要做的事情，有无无效操练过多的存在。

三是教学效率，即是否能帮助学习者用最少的投入，是否减少学习者的学习能力、学习精力和学习时间的浪费，来达到目标。

四是教学魅力，即是否有长久深远的感染力、穿透力与亲和力，能否吸引学习者继续学习或拓展加深。

三、有效教学方法的研究

著名的教学设计专家加涅"九段教学法"提出的"教学事件与学习过程之匹配"的构想，突出"为有效教学而设计"的理念。加涅认为，教学是一系列精心为学习者设计和安排的外部事件（活动），这些事件用于支持学习者内部信息过程的发生。他应用信息加工的学习理论，列出九大教学事件，这九大教学事件分别是：①引起学习注意（保持警觉）；②交代学习目标（建立预期）：③回忆相关旧知（提取到工作记忆）；④呈现教学内容（选择性知觉）；⑤提供学习指导（编码）；⑥引发行为表现（反应）：⑦给予信息反馈（强化）；⑧评估行为表现（再强化）；⑨强化保持与迁移（提示提取）。这一构想和理念对我们安排有效的教学过程具有极大的启发意义和参考借鉴意义。

（一）加涅将认知信息加工的学习理论应用于教学过程的研究提出了"九段教学"策略，这个策略相当于一个"骨架"，其通常为九个教学事件（活动），其中的每一个"事件"，都可以引入多种活动模式，使自己的教学设计更符合学生的"最近发展区"，从而取得较好的教学效果。同时指出，每一个"事件"活动的本身并不会直接导致学习的发生，只有学习者内在的信息加工才能引发学习的发生和发展。因此，任何教学事件的序列只有得到特定的认知过程的支持时才是可取的。

（二）加涅特别指出，以上九个教学事件（活动）展开的逻辑顺序，并非是机械刻板、一成不变的。也就是说，可根据实际灵活掌握，并非在每一堂课中都要提供全部教学事件。具体的教学设计主要集中在第4、5、6三步上。教学设计者要根据实际情况灵活地运用教学技巧，巧妙地安排教学活动，以优化每一教学事件，保证教学的整体效果。

（三）由于教学的最终目标是促进学习者学习，所以我们应该按照学习的过程来建构教学排序，依照学习者内部学习条件的性质来思考外部的教学事件才是正确的。因而，我们认为把九大教学事件按照三大阶段（启动、展开、结束）线性演进的方式构建教学顺序排列，将使九大教学事件的组织性随之大为增加。

由此，我们可以认为，作为帮助学习者学习的教学也不应该仅仅是简单地提供最初的刺激，相反，所谓教学，即意味着精心合理地安排一系列外部事件（活动）以支持学习的内部过程。在一堂课中，有一系列的活动作用于学生，使他们能在知识、技能等各方面由此及彼，从一种心理状态进入另一种心理状态，从现有基础进入到用其学习成就证明的目标水准。各种外部活动组合在一起，这就是"教学"。这就是加涅对教学设计理论的重大贡献——九大教学事件。

史密斯与拉甘将加涅九大教学事件扩展为15个教学事件，认为这15个教学事件既可以由学习者自己生成，也可以由教学（包括教师、教材和视像媒体等）来提供，如表3-1所示。前者为生成性策略，后者则是呈现性策略。这样的区别主要是看所提供的教学支架作用有多大。所谓支架作用，就是由教学活动向学习者提供其本身暂时力不能及的认知加工支持。所以，区分两种策略并不是严格意义上的，它们是一个连续统一体，关键是看所提供的支架作用和促进程度有多大。研究表明，采用哪一种教学策略，要依据学习者、学习情境和学习任务的要求来加以平衡协调。

表3-1　史密斯与拉甘的15个教学事件

生成（学习者生成）	呈现（由教学提供）
课的导入	
1.激活对学习活动的注意	1.获得对学习活动的注意
2.建立学习目标	2.交代学习目标
3.唤起兴趣与激发动机	3.激发注意力与动机
4.对学习活动有一个预先的了解	4.提供预览
课的展开	
5.回忆相关的原有知识	5.帮助回忆原有知识
6.加工信息和事例	6.呈现信息和事例
7.聚焦注意力	7.引导注意力
8.运用学习策略	8.指导或提示运用学习策略
9.练习	9.提供或指导联系
10.评价性反馈	10.提供反馈
课的结束	
11.小结与复习	11.提供小结与复习
12.学习迁移	12.促进迁移
13.再次激励与结束	13.提供再次激励与结束
课的评估	
14.评估学习	14.实施评估
15.评价性反馈	15.提供反馈与矫

如果说加涅的"九段教学法"贯穿的基本思想是以信息加工的规律科学认识教与学的过程,那么中国心理学家林崇德提出的"教学进展过程图"的构想,则侧重于从教育心理学的学习本质,辨析学习过程的发生和有效进行,突出阐明了每一类学习的性质与有效学习的条件以及它们的教育含义,从而构成了一个具有鲜明特色的学习论体系。这一"为学习而设计"的理念,对我们安排教学过程的有效性具有极大的启发意义。这一构想理念如图3-2所示。

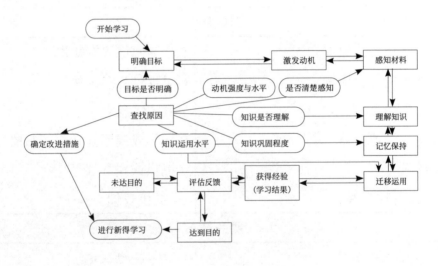

图3-2 教学过程进展图

我们认为这与传统教学具有以下明显的差异特点:

第一,把教学过程视为一个由诸要素构成的系统,由一系列明确的目的和任务,并利用外部控制对学习者进行指导。运用系统思想和方法对参与教学过程的各个要素及其相互关系作出分析、判断和操作。从"教什么"入手,对学习需要、学习内容、学习者进行分析;然后从"怎么教"入手,确定具体的教学目标,制定行之有效的教学策略,具体直观地表达教学过程各要素之间的关系,对教学绩效作出评价，根据反馈信息调控教学设计各个环节，以确保教学和学习获得成功。

第二，着重考虑的是对学习者解决问题的过程的指导作用。教学进展是以促进学习者学习为目的的，突出学习者内部学习过程的发生和有效进行。它以学习者所面临的学习问题为出发点，进而捕捉问题，确定问题的性质，分析研究解决问题的办法，最终达到解决教学问题的目的。这就增强了教学的针对性、有效性，提高了教学效率，使教学活动形成优化运行的机制。

第三，突出学习者的主体地位，以学习者的学为出发点，遵循了学习的内在规律性。站在学习者的立场上，进行教学目标的确定、教学策略的选择、教学媒体的应用、教学过程的描述。是以学习者为中心，围绕着学习者在学习过程中遇到的学习问题而展开教学设计的。

第四，从教学规律出发，应用系统的观点和分析的方法，客观地分析了教学工作的规律和特点，突破了传统教学工作环节的局限性。从教学工作中的问题和需求入手，来确定目标，建立解决问题的步骤，选择相应的策略和方法等，使其科学性得到了进一步增强。

第五，教学设计强调了目标、活动和评价的一致性。各子系统之间和子系统各要素之间相互配合、相互协调、共同发展，确保整个教学设计系统的优化运行。即教学目标是教学活动的出发点和归宿，也是教学评价的依据。这样，才能使教学设计系统形成良性运行的机制，使教学达到最佳的境界。①

第四节 学校体育的有效教学机制

一、影响体育有效教学的机制的因素

影响体育有效教学的机制的因素有教学策略、内容安排、练习因素、教师特征以及班集体因素。

（一）教学策略

任何学习都需要教学策略的配合，方能成功。因而，教师只有根据学习者的学习类型、学习方式安排教学，让学习者了解如何运用学习策略，并且提供练习策略的机会，才能产生有效学习的成果。

（二）内容安排

传统教学是按照教学内容的逻辑顺序依次递进，没有考虑学习者"学"的条件。有效学习要求教学内容安排不仅要考虑"教"的顺序，而且还要考虑"学"的顺序。根据学习理论的原则和学习者的条件逐步展开教学内容。常用的方法有：建立教学内容进度量表、科目学习态度量表、学生学习进度量表。

（三）练习因素

练习因素是有效学习的重要参数。科学的练习因素是诸多要素相互联系和交互作用的结果。因此，根据学习者原有的知识状况和最近发展区，教学环境和教学条件等着手进行教学设计是增进练习因素的科学保证。

（四）教师特征

风格和风范是教师特征的核心，是影响课堂教学活力的重要因素。没有好的教师风范，学生难以亲其师信其道。教学风格是教师教育理念与高水平教学艺术个性的结晶与表现。教学风范是教师亲生、爱生、为生的修养镜像。缺少它们教师就会成为一个不受学生欢迎的教师，学习的成效就会很小。诚如相关学者所言，真正能教导学生的就是教师的人格，而不是所谓的教学方法。"善教者使人继其者"讲的就是这个道理。因而，教师的风范、风格几乎决定了教师教学的有效程度。

（五）班集体因素

良好的班级秩序与学风，是个人和群体学习力的体现是学习的重要环境和成功学习的要件。教师在教学前必须运用各种策略，培养良好的师生关系、同学关系和集体组织关系才能使教学活动顺畅。

二、影响体育有效教学的机制的条件

有效学习是体育教学理论研究领域值得期待的重要开端，是体育教学实践科学、有序进行的坚实理论基础。学习方式从根本上说是人的思维方式和生活方式的反映，必然受到各种内外部因素的影响与制约。如果缺少这一方面的适合性，学习或者不会发生，或者不能顺利和有效地进行。心理学家加涅认为，学习过程是发生在学生头脑中的内在活动，输入的信息可以受各种不同方式的外在条件影响而得到变换、改变和增强，当一些外在条件按照发动、激化、维持、促进学习的内部过程的种种方式加以计划和执行的时候，就是教学。教学就是有目的、有计划地发动、激化、维持和提高学生学习的一整套条件。他从这一学习观和教学观出发，提出要根据不同学习类型和不同特点来设计与之相匹配的教学条件。为此，体育有效教学机制的效能取决于学习的外部条件与内部条件之间的匹配程度。因而，教师应遵循这一指导使体育学习的认知行为机制、体育学习的生理行为机制、体育学习的心理行为机制、体育学习的环境行为机制、体育学习的技能行为机制等相互匹配，为学生学习创设更加有利的准备状态，以此来引导学生的学习。

（一）体育认知行为的匹配

心理学家奥苏贝尔认为，认知结构是学习新知识的基础，也是影响学习迁移的重要变量。学习分类理论也指出，学生的学习有多种不同的类型，不同类型的学习有不同的学习过程和条件，并产生不同的学习结果，主张在实施教学之前，分析学习者认知的风格和类型，针对不同类型的认知变量，进行不同的教学过程、方法和评估的设计。因而，促进教学的外部条件与学习者认知的内部条件相匹配是教学设计的一个重要任务。改善教学的外部条件的策略：一是因材施教，根据学生不同注意容量、记忆容量、运动知觉容量等实施教学。二是针对学习者认知的短处或劣势采取有意识的适配策略，展开"最近发展区"的训练与指导。这些都可以有效显著地提高教学效果和学生的作业能力。

依据加涅信息加工学习模式的认知有三个结构：记忆结构、控制结构和执行监控结构。改善教学的内部条件的策略有：

1.记忆结构——涉及感觉登记、短时记忆与工作记忆、长时记忆。此阶段的体育教学任务是促进动作编辑表征转换为动作程序性表征。教学策略：一是帮助学习者注意新信息。有三种策略支持学习者的注意过程：强调策略、提问策略和区分策略。二是帮助学习者激活原有知识。有四种策略可提供外部支持：指引线索与提示、给予类比、先行组织者、结合学习者具体经验。三是帮助学习者编码信息，支持生成学习。具体策略有：语言指导、自我反馈。四是，帮助学习者编码信息、组织建构。

2.控制结构——包括注意、选择性知觉、组块化、复诵、编码与提取等阶段。这些阶段的共同体育教学任务是促使动作程序性表征转换为内化——领悟。教学策略：一是帮助学习者理解学习成分。二是利用正反比例匹配，帮助学习者建立概括与辨别的学习能力。

3.执行监控结构——管理着控制过程、选择过程和加工过程，就是学习者根据学习情境调控自己的注意、学习、记忆和思维的各种认知策略过程。此阶段的体育教学任务是通过归类、识别等教学方法进一步唤起内化——领悟水平的增高，培养学习者的认知策略能力。具体策略：一是提供形成性反馈，帮助学习者监控与调节自己的学习图式。二是在多种情境中呈现练习机会，促进学习者实现学习迁移，实现认知精加工。

（二）体育学习生理行为的匹配

一切运动技能的掌握，实质上是建立复杂的、连锁的本体感受器的运动条件反射的过程。这说明在学习运动技能时，不只是大脑皮质两个神经中枢之间产生暂时性的神经联系，而是有许多感觉器官接受刺激按顺序传递执行共同协作实现的整体活动。也就是根据动作的出现顺序和实践，建立一连串阳性和隐性的条件反射，在协调和控制这两个基本过程的共同作用下实现了动作的发展。由于各个系统和子系统交互作用决定的协调和控制过程的总差异，导致个体动作的学习发展出现不平衡，结果不相同。

因此，教师应遵循体育学习者的生理机制匹配差异，设计教学动作的发展水平、顺序和时间练习表，为学习者动作学习发展提供激活扩散的刺激与经验的活动的机会和反射条件，引导学生学习。具体有以下方面教学要求：

建立良性的条件反射，有利于加快动作技能的形成。在体育动作技能学习时，大脑皮质必须处于适度的良性兴奋状态，方可发挥学习力。若大脑皮质兴奋性过高，兴奋就会向大脑皮质其他部位扩散，造成反应不精确。相反，若过低，形成条件反射的速度就比较慢。"良好的开端是成功的一半"，精彩的导入有利于学生注意力的转移、情绪的迁移，唤起学生的学习动机，使学生快速进入学习状态。因此，在体育学习开始阶段和准备阶段，要依据教学要求，精心设计活动内容引导激活学习者的大脑皮层，使学习者的注意力和情绪都集中到学习内容上。如体育活动性游戏练习的形式生动、活泼，内容丰富多彩，竞赛性、娱乐性强，它能融体能、智能、技能为一体，学生可在娱乐中有趣地竞争，同时也在竞争中体验着愉悦。运动过程中情绪变化可明显影响肌肉的工作能力，同时由于游戏练习在学生大脑皮质中形成一个优势兴奋灶，产生优势兴奋，使周围其他中枢产生抑制作用，对外周器官传入的强烈刺激敏感性降低，感觉不到疲劳，致使练习强度和量都无意识地提高。长期以来，它不仅是中国学校体育教学的重要内容，同时也是体育教学的一种形式、方法和手段。正如有学者指出，"体育游戏对于当前的体育教学改革至关重要"，"有了它，一个枯燥的练习可以变得津津有味，一个沉闷的教学可以生气盎然"。

人类的信息加工存在两类,其前后的传递必须相互结合方可产生有效迁移。这表明学习配对刺激的情境条件非常重要,学习实验表明,当配对刺激的重复数量增加,学习联结的强度(或反应出现的稳定性)也增加。如布置排球垫球练习时,如不提出检查标准,看谁能首先会垫20个球的配对刺激,那么此练习对学习的促进作用就难以有效发生。巴甫洛夫经典条件也得出,学习情境的条件刺激和非条件刺激的呈现必须彼此接近,而且要在非条件刺激以前出现,并且两者结合方有成效。这就告诉我们在体育教学中,前一个练习必须与后一个练习紧密结合,否则将影响输入信息与本体感受器之间反应—刺激的认知和累积的再认、识别与回忆、提取。如在新授动作练习时,可通过提问动作要领与比较动作表征强化学习者认知控制和调节,以及整合图式建构的维度。

中等程度的唤醒对运动表现最为有利。当唤醒水平处于最佳机能阶段内时,有更多机会获得促进和迁移。同样的学习内容,合理编排,有利于学习的促进和迁移。这些理论也指出动作技能建立的快慢同条件刺激和非条件刺激的性质和强度有关。刺激强度的过大、过小都影响条件反射的建立。如田径教学时,先学快速跑,后学跳远就比较快;如教学条件安排与学习内容和学习情境相同,学习就快;如教学内容强度的适宜性与学习者条件匹配,学习就快。

(三)体育学习心理行为的匹配

相关学者指出,学习是个体智力活动的过程,包含情感在内的多种手段,学习离不开良好的心理准备状态。还有学者指出,体育学习是学习者的感知、思维、情感、行为、动机等相互联系的综合现象，也是大脑、身体和行为的有机结合。上述观点说明，学习心理状态决定着学习的效果。学生学习的认知系统在动作获得和应用过程中发挥着重要的作用。一些研究表明，动作越复杂、越高级，认知对动作的发展就越明显。一般认为，动作学习具有阶段性，需要依次经历认知、联结和自动化三个阶段。讲解示范是动作学习的起点，练习和反馈是动作发展的重要途径。在此方面提高认知维度的方法和手段，具体可从以下三个方面着手：

一是在泛化阶段，要激活注意（再认与识别）以及感知动作的发展。提示学生观察动作的明显特征，把握学习要点与顺序、感知与协调动作发展。有关学者指出，我们必须为了行动而感知，但也必须为了感知而行动。因而，此阶段的动作发展依赖于陈述性指导，精彩的导入与示范的设计成为教学关注的核心。因此，在此阶段体育教学中，以激活学习注意力为目标导向的设计，感知和动作练习的时空协调行为的统一尤为重要，应给予足够的重视。

二是在分化阶段（回忆与提取），要强化记忆和动作发展。加涅在《学习的条件和教学论》①一书中认为，动作的执行过程中主要涉及编码、储存以及提取等信息能力。这告诉我们，记忆和动作发展最基础单位的动作反射建立在练习的重复与不同反射相互迁移的递进动作发展的组合上。正是多个微观型的动作学习累积，才逐步构成宏观型的动作发展。因而，此时的动作发展依靠程序性的活动形式，而不是陈述性指导。此阶段的体育教学中，考虑哪些动作成分联合，如何设计不同反射动作的相互迁移、相互递进就成为教学必需的重点。

---

①[美]R.M.加涅；皮连生.学习的条件和教学论[M].上海：华东师范大学出版社，1999.

三是自动化阶段（反省认知），是动作学习的最后阶段。学习者根据动作反应后所看到或听到的结果来调节动作。因而，此阶段动作调节——以内外反馈教学为主（实验得出，反馈的时机与量度和学习的效率呈正相关），以逐渐练习自我教学为标准。教学指向——以连续任务的形式出现，在多种情境中呈现练习机会。教学研究证实，将一个新习得技能镶嵌在较大意义的图式背景，可增加学习力的迁移。此阶段体育教学中，一是根据动作技能的内反馈生理性的连锁而进行教学设计。二是有意义的语言指导是外部有效刺激的持续支持，对学习起着帮助和促进的作用。三是要以"过度学习"为标准强化课内外练习的结合，增强这两者内化的迁移是教学的重点。

（四）体育学习环境行为的匹配

加涅认为，学习是学生与其环境之间相互作用的结果，指出体育教学活动虽然是一种动作学习，但它和其他的活动一样，依赖于一定的情境和条件才能开展，我们称这些情境和条件为体育教学环境或体育学习环境。体育学习环境行为是由体育教学媒介和体育教学方法两个要素组成的综合性的工作体系，它涉及技术和方法两个领域，有人也称之为"硬技术"和"软技术"。所谓"硬技术"，是指设计、开发和传递教育信息的媒介；所谓"软技术"，是指组织优化教学资源和教学过程的方法。

（五）体育学习技能行为的匹配

体育学习技能行为主要表现为动作技能的发展与体能的改善。与认知和情感两个领域一样，动作技能领域的要素也可以组成一个层级，即复杂的身体技能是由最基础的基本身体技能发展而来。我们认为，动作技能的学习是学校体育课程对整个学校教育的独一无二的贡献。这也是体育课程与其他课程的区别所在。但目前主要的问题是很多体育教学法、教学论书上，缺乏此方面的解答，甚至还存在传统的误答，导致在中小学体育课练习的实施中并未落实。

因而，如何遵循体育技能学习的方法，把练习当作建立体育知识与技能之间联系的手段，并为有效学习而设计，是值得关注的。人们往往囿于一般认识论的框架，认为体育学习与其他学科学生的思想发展和知识技能传授一样，是同一个认识过程，是在心智活动之可能性的状态下，进行有意识地改善自身的行为。这一观点混淆了体育学科学习的概念，忘记了如果失去了技能的映照，那么任何学习法对体育的实践的适切性将是非常有限的。因而，对这一问题的叩问，就成为当前亟待解决的问题。

第四章
体教融合背景下学校体育课程改革原理

体育新课程标准不同于传统教学大纲，强化了目标体系和考核体系，淡化了课程内容选择和具体安排。这种课程内容的淡化导致一线教师出现了不同程度的困惑，即"有标准无内容，我怎么去上课"。因此，必须在改革体育课程、加强体育与健康教育、促进学生体育素质的提高、改善学生体质等方面进行研究。

第一节 学校体育课程的设计与编制

一、定位课程目标

（一）课程目标的定位

课程目标是开设课程的出发点和归宿。为什么要定位课程目标？定位课程目标实际上解决的是"为什么要学"的问题。课程目标是课程内容选择、课程实施和评价的直接依据，是课程设计首要解决的问题。

如何定位课程目标？泰勒在相关教育书籍中把学习者的需要、当代社会生活的需要、学科的发展并列为课程目标的三个来源。这个说法取得了人们的共识，也成为确定课程目标的基本依据。另外，课程目标还受到教育目标和培养目标的约束。

怎样定位体育课程目标？在设计体育课程时，设计者应充分考虑课程目标的三个来源。首先确定学习者的需要是什么，当代社会生活的需要是什么，体育学科的发展目标是什么。结合我国的教育目标和体育学科的培养目标，确定体育课程目标。学习者的需要和社会生活的需要等因素是随着时代的变化而变化的，因此，不同的时期，体育课程目标的定位也不同。

（二）课程目标的筛选

进行课程目标的筛选时，也应从确定课程目标的依据出发，即学习者的需要、当代社会生活的需要和体育学科的发展。怎样确定学生的需要？需要通常是由实际状况与理想常模中的标准之间的差距而产生。因此，需要对学习者的有关情况作比较全面的调查分析。确定体育课程中学习者的需要，主要应调查学习者与健康相关方面的现状，注意学生的年龄差异和个别差异。弄清楚某一年龄段的学生在健康及其相关方面的理想状况应该是什么样，而实际状况又是什么样，它们之间的差距在哪里。确定学习者的需要还要考虑学习者的兴趣，充分调动学习者自身的积极主动性。

怎样确定当代社会生活的需要？当代社会生活的需要包括了时间和空间两个维度的需要。在时间上，它强调的是"当前"的需要，包括了当前的实际需要和从当前社会生活发展趋势可以看出来的未来需要。在空间上，社会生活的需要包括学校所在地区的社会需要、所在国家的社会需要以及人类社会的生活需要。筛选体育课程目标时，应主要对健康方面的社会生活需要进行调查研究。

怎样根据学科发展确定课程目标？与确定课程目标联系最密切的是学科功能。根据体育学科的发展确定课程目标首先要明确体育学科的功能,即体育学科能起到的作用是什么。教育的一个重要功能就是知识传递,体育学科中的知识传递不仅包括理论知识,更重要的是运动技能的传授。运动技能的传授是体育学科中特有的知识传递形式。体育学科对学习者身心健康方面的影响都应通过运动技能的传授来达成。

因此,在筛选体育课程目标时,应根据教育目标和培养目标,结合当代社会生活的需要和学生发展的需要,选择符合体育学科功能的课程目标。

(三) 课程目标的分化

在水平向度上,根据课程目标所体现价值的异同,可以将其分为不同的领域。教育目标分类学将目标分为认知目标、情感目标和技能目标。也有学者将体育课程目标分为身体发展领域目标、认知领域目标、动作技能领域目标和情感领域目标。2001年颁布的标准按照学习内容的性质将体育课程目标划分为运动参与、运动技能、身体健康、心理健康和社会适应五大领域目标。

根据课程目标的层次性可以将其分为课程总目标、学段目标、学年目标、学期目标、单元目标和课时目标。各类目标按层级排列,呈金字塔形。顶层目标是抽象的、整体的目标。底层目标是具体的、分化的目标,数目繁多。各底层目标逐步达成之后,课程总目标也就得以达成。

在体育课程目标进一步分化成教学目标的过程中,由于体育教师对课程目标的理解不同,也会出现体育课程目标偏离的现象。如21世纪初,一些学者就认为开设体育课程的目的是为了强调心理健康和社会适应等非核心目的,而忽略了运动技能的形成,偏离了体育学科的本质。

二、确定课程时间与分段

(一) 确定课程的总时数

体育课程的总时数包括了基础教育、中等教育和高等教育三个阶段的体育教学时数。现阶段,我国体育课程时数的具体安排如下:小学1~2年级相当于每周4学时,小学3~6年级和初中7~9年级相当于每周3学时,高中1~3年级相当于每周2学时,本科四年期间修满144学时。如果按每学期18个教学周计算,基础教育阶段体育课程时数为1044学时,中等教育阶段为216学时,大学阶段为144学时。

(二) 确定学段和年级

学段划分的主要依据是学生的身心发育规律。按当前我国的教育学制进行划分,可以分为小学、初中、高中、大学等教育学段。2001年以前是按年级来划分学段,一个年级为一个学段。而2001年后将学段划分为水平一(相当于小学1~2年级)、水平二(相当于小学3~4年级)、水平三(相当于小学5~6年级)、水平四(相当于初中7~9年级)、水平五和水平六(相当于高中阶段)。

三、决定编制内容的逻辑

(一) 身体发育发展的逻辑

人类的身体发育是有一定规律的,各个阶段发育的特点也不相同。我国将少年儿童生长发育过程分为：婴儿期；幼儿前期；幼儿期（学前期）；童年期（小学年龄期）；青春发育期。人体各部分生长发育是不平衡的。第一次快速生长阶段是由胎儿中期到一周岁，先长头颅后长四肢，遵循头尾发展规律。2岁以后，生长速度急剧下降，身高每年只增加4~5厘米，体重增加1.5~2千克，保持相对平稳的速度。第二次快速生长阶段为青春发育期，男孩一般在12~15岁之间，女孩一般在10~12岁之间。缓慢生长阶段，城市男生在14~18岁之间，女生在13~18岁之间。稳定阶段是生长发育的最后阶段，直到发育成熟，骨骼钙化完成，身高停止增长。另外人的身体各系统的发育也是不均衡的。人体出生后神经系统尤其是大脑最先发育，此后到成熟期在结构和机能上始终在发育和完善着。身体的其他系统如运动、呼吸、消化、泌尿系统的发育则与身高、体重相似，呈波浪式。淋巴系统的发育在10岁左右达到高峰，生殖系统在青春发育期开始后才迅速发育，在性激素作用下出现第二性征。

（二）运动技能形成的逻辑

体育教学要让学生学会和掌握一定的运动技能，而运动技能的形成要经历一个由不会到会、由不熟练到熟练的发展过程。学生的运动技能形成的逻辑包括三个阶段：

第一阶段，粗略掌握动作阶段。本阶段学生的生理特点是，大脑皮层兴奋与抑制扩散处于泛化阶段，条件反射联系不稳定，内抑制不够，表现为做动作吃力、紧张、不协调，缺乏控制力，并伴随有多余动作。学生的心理表现为对动作的学习没有信心，注意力易分散。

第二阶段，改进与提高动作阶段。本阶段学生的生理特点是，大脑皮层兴奋与抑制过程处于分化阶段，兴奋相对集中，内抑制逐步发展巩固，并初步建立起动力定型，能较精确地分析与完成动作。学生的心理表现为对动作的学习略有信心，但时好时差，注意力较集中，学习欲望较强烈。学生在练习过程中，大部分错误动作得到纠正，但遇到新的刺激还可能重新出现。

第三阶段，动作的巩固与运用自如阶段。本阶段学生的生理特点是，大脑皮层兴奋过程高度集中，内抑制相当牢固，形成动力定型。学生的心理表现为充满自信、情绪稳定、注意力分配合理。其运动技能表现为能很准确、熟练、轻快地完成动作，并能灵活自如地运用，达到自动化的程度。

在体育教学过程中，学生的运动技能形成的三个阶段受一些因素的影响，如运动技能的难度、学习运动技能的总时间和练习的密度、体育教师的教学经验与教学能力、学生的前期经验积累、学生的体育基础以及学生身体素质强弱等。

（三）体育实践能力形成的逻辑

1.体育实践能力形成的心理过程

体育实践能力的本质是内化的体育知识经验结构，其形成的心理过程主要包括以下三个阶段：

第一阶段，获得体育知识、技能阶段。学生要学习和掌握一定的体育知识、技能，这是构成体育实践能力的基本要素，但它不等同于体育实践能力。

第二阶段，形成体育知识、技能结构阶段。学生通过积极思考和不断整合，将这些知识和技能要素与原有的知识和技能相互作用，内化为结构化、网络化的知识和技能结构。

第三阶段,形成活动经验结构阶段。在解决特定任务的问题情境中,学生运用一定的策略、方法,以活动任务为线索,将不同知识和技能结构进行组块,形成有利于解决问题的活动经验结构。

2.体育实践能力形成的教学过程

体育实践能力形成的教学过程可以理解为三个过程,即以教为主的过程、以学为主的过程和以用为主的过程。

（1）以教为主的过程

这是教学的初始阶段,也称为"感知阶段"。在这一阶段,教学主要表现为教师运用一定的方法让学生感知教材,其主要任务是让学生初步形成个体的知识、技能。

（2）以学为主的过程

这是教学的中间阶段,也称为"内化阶段"。在这一阶段,教学主要表现为在教师的指导下,学生通过一定的方法和练习内化教材,其主要任务是让学生将已学的知识和技能同已有的认知结构建立联系,形成新的个体知识和技能结构。

（3）以用为主的过程

这是教学的高级阶段,也称为"外化阶段"。在这一阶段,教学主要表现为在教师的指导下,学生运用已有的知识和技能解决特定活动情境下的问题,是对已有知识和技能的综合运用过程。

四、进行课程内容的筛选

（一）筛选体育课程内容的视角

第一,与课程目标的统一性。是指所选的体育课程内容应该具有能完成体育课程目标的作用,而且所选的内容是健康的、有教育意义的、文明的和有身体锻炼价值的。

第二，科学性。所选的体育课程内容是有利于学生身体锻炼和运动技能提高的并且是安全的。

第三，可行性。所选的体育课程内容应符合实施地区大部分学校的物质条件、教师能力以及学生实际情况。

第四，趣味性。所选的体育课程内容应该让广大学生感兴趣并能从中体验到运动的乐趣。

第五，与社会体育及地区体育特色相结合。所选的体育课程内容应是在遵循上述原则的基础上，尽可能体现当地的体育特色，以便增加学校体育教育的适应性。

（二）筛选体育课程内容的次序

筛选体育课程内容的次序与上述原则的内容和顺序是对应的。

第一，目标是首位的，"与课程目标相统一"是筛选体育课程内容的第一步。第二，体育课程中的健身效果和安全保证也是很重要的，因此以健身性和安全性为主要内容的"科学性原则"是筛选体育课程内容的第二步。

第三，如果没有可行性，再好的内容也只是纸上谈兵，因此可行性原则应放在第三重要的位置。

第四，如果没有趣味性，就缺少了体育课的吸引力，学生的积极性也难以持续下去，因此"趣味性原则"是第四步。

第五，学校体育教学是终身体育和社会体育的基础，因此要重视学校体育教学内容和社会体育内容之间的联系。

五、计量本课程各教学内容时数

(一) 计量体育课程教学内容的视角

1.传统体育课教学内容排列理论

根据传统的体育课程教学内容的排列理论,体育教学内容的排列有直线式排列和螺旋式排列,以及两者混合而成的混合型排列方式。直线式排列是某项教学内容教过之后,基本上不再重复;螺旋式排列是教学内容在各年级反复出现,但逐年提高要求的排列。传统体育课程教学内容排列理论认为,"多数教材应采用直线或混合式排列,少数教材应采用螺旋式排列"。

但是,传统体育课程教学内容排列理论存在着一些问题。第一,它没有将适用于"螺旋式排列"和"直线式排列"的教学内容说清楚。第二,没有明确说明"直线式排列"和"螺旋式排列"的单元有没有区别。

2.体育课程教学内容分层次理论

从不同的角度可以将体育课程教学内容分为不同的层次。

如果根据技术集合的多少分,篮球教学整体是一个层次,其中传球技术是一个层次,双手胸前传球技术又是一个层次,那么教材的排列则根据层次的不同而区别,如一年级教篮球双手胸前传球,二年级教三步上篮,那么在篮球教学的层次上我们可以说是螺旋式排列,在传球和投篮的下位技术上又可以说是直线式排列。

如果根据教学目标分,篮球技能是一个层次,篮球知识又是一个层次,篮球的专项素质练习又是一个层次。

如果根据教学程度分,篮球技能的精练和篮球知识的精讲是一个层次,篮球技能的粗练和篮球知识的简介又是一个层次。

因此,体育课程教学内容的排列必须建立在对其层次的明确区分上,必须将各种体育教学内容放到层次的范畴内去考虑,比如篮球是精练的,羽毛球是粗练的,台球是选修的,铅球是介绍的等。这个工作是在进行体育教材排列时所不可缺少的。

(二)计量体育课程教学内容的方法

体育课程教学内容的排列方式和计量体育课程教学内容的方法有着密切的关系。

如果我们以小周期循环的多与少为横轴,以大周期循环的多与少为纵轴相交画一个象限图,我们可以得出四种不同功能和形态的体育教材,即"精学教材""粗学教材""介绍性教材"和"锻炼性教材"。

1.精学教材

就像"多吃多餐",是在很多年级出现的、用大单元进行教学的那一类教材。这种教材是重中之重、精中之精的教材,不能很多。如篮球、足球、武术等。

2.粗学教材

就像"一次吃饱",是只在某个年级出现,用大单元进行教学的那一类教材,是那些需要学一学,需要"师傅领进门",以便将来能"修行在个人"的项目。如网球、保龄球、轮滑等。

3.介绍性教材

就像"一次品尝",是只在某个年级出现,用小单元进行教学的那一类教材。这种教材不能太多,是那些介绍性、体验性以及知识性教材。如铅球、运动文化等。

4.锻炼性教材

就像"少吃多餐",是在很多年级都出现,用小单元或穿插在其他教学内容的单元中作为副教材或复制内容出现的那一类内容,是"不需要深教,但需要常练"的一些运动项目。如跑、跳等身体素质练习。

第二节 学校体育课程的实施与管理

一、体育课程的文本与形式

(一) 教学计划中的体育课程

教学计划是课程的体系结构,是根据有关部门颁发的体育教学指导文件,为保证培养人才的规格,参照学校所选用的体育教科书,结合学校的体育教学实际而制定的体育教师指导方案和教学过程实施方案。一般规定教学科目学科的顺序、各门学科的教学时数、学年编制和学周的安排。体育教学计划包括学段体育教学计划、学年体育教学计划、学期体育教学计划、单元体育教学计划和学时体育教学计划(教案)。教师在制订教学计划时,需充分考虑体育与健康课程的目标和特点、学生的身心发展特征,创造性地进行体育与健康课程的有效教学,体现五个学习方面以及四级水平具体目标的整体性,突出体育与健康课程的实践性,注意教学计划安排的灵活性。

水平教学计划是根据各水平的具体目标和内容标准制订的,是帮助学生达成各水平目标的整体计划。水平教学计划应结合本校的实际情况,将各水平的具体目标和内容标准进一步具体化,并分配到每个教学单元中,以便从总体上把握学习内容和要求,全面达成课程目标。

单元教学计划是水平教学计划的分解和细化,是学时计划的主要依据。单元教学计划主要包括学习目标、学习内容和学时安排。教师在制订单元教学计划时应根据相应课程标准的精神、水平教学计划以及学生的身心发展特征设置单元学习目标,并根据目标选择具体学习内容。

学时计划是单元教学的具体执行计划,是以一个学时为单位来设计和安排的。学时计划要根据单元教学计划的学习目标和内容,结合学生的具体情况设置学时计划的学习目标,并根据学时计划的学习目标选择相应的具体学习内容和教学策略。

(二)体育教材中的体育课程

体育教材主要包括体育教学指导用书、教师用书、教科书等。

体育教学指导用书是专门为体育教师进行体育学习指导而编制的体育教材,意在帮助教师发挥创造性,提高教学质量,具有将体育课程标准要求与体育教学实际相联系的特性,是体育教师根据体育课程标准精神进行教学的直接依据,也是保证体育课程标准得到全面贯彻和促进体育教学过程和方法科学化的重要措施,代表了我国的体育课程和教学理论与实践的水平。我国第一部体育教学指导用书是在1956年出版发行的。

教师用书是为教师而用,它具有工具性、实用性和指导性功能。教师用书能为体育教师提供新的课程理念和课程目标的具体解读;提供教学内容及其教学目标、教学特点、教学方法、学习评价、教学案例、教学计划等内容,引导体育教师实施体育教学的改革。

教师用书是教师教学的参考书,是课本的延伸,为引导教师理解教材还可配置音像、图片等教学资料。因此,体育教师用书是用心用情为体育教师而写的、能够实实在在帮助体育教师理性地从事教育教学活动、贴近体育教师生活、吸引体育教师阅读、能够引领体育教师去寻找体育教学大智慧的书。

体育教科书是专门为学生学习体育而编制的体育教材,是课程目标的主要载体,是课程内容的具体体现形式,是师生进行教学活动的凭借,是体育教师设计和实施教学活动的重要依据和主要参考。教科书既为学生学习活动提供了基本线索,又是课程资源开发的基本参照。其文本质量和使用实效会直接影响到课程的整体水平和质量。

二、体育课程实施与推动

(一)体育课程实施前的各级培训

教师队伍的素质是决定课程能否有效实施的重要因素。从当前我国基础教育体育课程改革的现状来看,体育教师队伍不能适应新课程的需要和体育课程资源不足已经成为制约我国体育课程有效实施的两大障碍。因此,体育师资的培养与培训为体育课程的实施提供了必要的保证与支持。

根据体育学科的特点和当前体育教师的实际状况,在课程实施前,需要有针对性地对体育教师进行理论联系实际的培训,开展与课程改革相一致的在职培训,为其适应新课程做好准备。

从培训级别看,新课程实施前体育教师参加的培训有国家级新课程培训,以及省级、市级、县区级新课程培训,还有校本培训等。

从培训的内容看, 新课程实施前体育教师参加的培训有通识培训、课程标准培训、教材培训及学科培训等。通过培训, 巩固并提高体育教师在实施新课程中所持的观念、知识、能力, 并加强他们对体育课程标准的基本理念、设计思路、课程目标、实施策略等的理解和把握。

从培训的模式看, 新课程实施前体育教师参加的培训有研训一体型、参与互动型、教学反思型、知识技能型、院校联动型、专题型、远程型等。

从培训的形式看, 新课程实施前体育教师参加的培训有集中理论学习、教学技能学练、追踪指导观摩、经验互动对抗、专题交流研讨、实践总结反思、成果展示汇报等。

(二) 体育课程实施中的研究活动

在体育课程实施过程中, 开展多种形式的体育教师研究活动, 有利于提高体育教师的专业素养, 使其能自觉运用自己所拥有的知识和技能对教育实践经验进行多层次、多角度分析, 有一个理论上的认识, 从而提升课程实施能力。

教学观摩是体育教师通过有组织、有计划地开展校内外体育教学的观摩活动, 互相学习, 彼此借鉴, 提高自己的知识、技能和水平。

集体备课可以集思广益, 弥补个人备课的不足, 起到取长补短的作用, 也是实现经验共享、优势互补、开发潜能、生成智慧、提高体育教学效率和体育教学质量的有效措施。

学生调研是课程实施中落实学生主体地位的基本措施。针对体育课堂教学, 研究学生的群体特点规律、兴趣爱好、家庭背景、学习历史, 调查学生的日常经验、学习基础、运动基础、学习的兴奋点、认识上的困惑等实际状况, 以了解学生发展的需要, 促进学生更好地成长。

教研活动是通过讨论、观摩以及教学分析,在点评中促进教师发展。通过讨论课堂中发现的问题、即时即地进行评价与指导、体育教师课堂说课等方式,把课程的理念渗透到每一堂体育课的教学上。

课题研究是根据体育教师的问题需要生成研究的课题,以课题研究为纽带,自学、研讨、试验、经验总结等相结合,个体(独立)研究和集体(课题组)研究相结合、理论研究和实践研究相结合,提高教师科研水平和综合素质的研究活动。

编写教材是通过体育教师对教材的编写,将自身的实践教学经验融入教材,同时也使自身的理论水平得到提高。

第三节 学校体育课程的评价与完善

一、体育课程评价的内容

(一) 对课程学习效果的评价

课程学习评价是新一轮基础教育课程改革的重点,它既是评价教师教学质量的基本依据,也是教师评价学生的核心内容。

对学生学习效果的评价内容包括学生的学习态度、学习能力和学习成绩上的变化、发展和提高。这些评价内容对学生是否养成学习兴趣,是否体现主动学习,是否掌握知识、技能,是否体验到了成功的感觉具有重要的意义。

课程学习效果的评价形式主要有:诊断性评价、形成性评价、总结性评价。

诊断性学习评价是了解学生的体育基础和客观现状，这样可以清楚学生的不足和特长，有助于教师正确分析后采取相应的教学策略，有针对性地分班和分组教学。这种评价主要是在学年或课程教学开始之前进行。

形成性学习评价是在教学进行过程之中，对学生学习结果的确定。形成性评价是学生完成学习任务所需要的督促和激励，这种评价主要伴随在体育课堂和学期教学过程中进行。

总结性学习评价是着眼于学生对体育课程整个内容的掌握，注重于测量学生达到该课程教学目标的程度。总结性学习评价的概括性水平一般很高，内容包括该课程的基本知识、技能和能力。总结性学习评价一般是一学期或一学年两到三次。通过总结性评价可以评定学生的学习成绩，预评估学生在后继教程中成功的可能性，确定学生在后继教学中的学习起点，证明学生掌握知识、技能的程度和能力水平，对学生的学习提供反馈。

（二）对课程实施难度的评价

课程实施的难易程度主要受内部和外部两方面因素制约。内部因素主要指课程执行人员和课程设计人员，主要包括学生（学生自身基础上的差距、学生的主观态度认识、学生的接受能力等）；教师（对课程理念的理解、专业知识技能储备度、敬业乐业程度等）；课程设计者（课程设计理念是否符合实际情况，设计方案是否具有前瞻性、指导性和可操作性）。外部因素主要指影响课程实施的客观环境。其中有社会人才选拔机制对体育课程推进的影响，经济发展不均衡对体育课程开展的影响，各级教育行政部门、学校领导对体育学科的思想认识等重要影响因素。

对课程实施难度的评价主要是指对课程实施过程的评价,评价不仅要考虑课程实施的结果是否能达到预期目标,而且要考虑课程实施过程的基本条件。通过分析过程,评价者要找出良性因素和非良性因素,了解课程方案存在的问题和缺陷。

对课程实施难度的评价一般经过以下几个阶段。

1.搜集信息。这一步,要确定影响课程实施难度的信息的来源,以及搜集这些信息的手段。

2.确定评价因素。首先,要确定对体育课程实施难度评价包括哪些因素,以及评价者将使用何种设计方案。其次,要详细说明评价者的评价目的,以及评价的时间安排。

3.组织材料。评价者组织影响课程实施难度的信息,并做出合理解释,使那些对此有兴趣的人感到有用。同时要注意对材料的组织、存储、提取和信息编码的手段。

4.分析资料。这个阶段,评价者要选择和使用适当的分析技术。选择何种特定的技术,取决于该项评价的焦点在何处。

5.报告结果。这里,评价者要决定评价报告的性质,并关注该报告的读者。评价报告可以是非正式的,也可以是正式的;可以是描述的,也可以是数据分析的。

(三)对教师的课程适应度评价

课程适应度是指设计者对教师在实际教学中对教学设计的某方面或者整体的期望或者满意程度,一般可通过教师对课程理念、课程价值以及《体育与健康课程标准》的理解和实践作为对教师的评价标准。教师对课程的适应度包括课程理念、课程目标、课程内容、课程实施的方法、课程的评价,其中课程理念适应度最为重要。

课程理念适应度是指教师在课程理念上遇到问题时，通过自身能力和认识找到办法解决问题的能力。课程理念的适应度归结于体育教师自我发展目标的定位高度、教师在教学实践过程中行为的自觉程度，这些都需要有认识与接受的过程。也就是说，在一定的引导下，合理地对影响教师的课程适应度的关键因素进行量化操作，并结合教师的能动性才能够达到预期的目的。

所以，课程适应度是在课程改革过程中教师对体育新课程理念、价值以及《体育与健康课程标准》的理解和实践的程度。其评价方法主要是从一听、二看、三交流中来进行。听，就是听教师对课程理念的看法、理解，以及如何在教学实践中实施这种理念。看就是教师在具体实施环节中，有没有很好体现新课程理念，实现预期的教育、教学目标并找出还需要完善的环节。交流，就是相互借鉴好的做法，总结探讨最优方案。

二、体育课程评价的形式

（一）分析学生的体育课业成绩

学生课业成绩的评价不仅可以证明学生的学习效果，还可以作为判定体育课程的实施方案是否有效的证据，达到完善体育课程和提高教学质量的目的。在评价过程中，把学生的课业成绩与预定目标进行比较，从中了解教与学的效果，以便根据评价结果，改进教学方式。

学生课业成绩的评价形式分为总结性评价和形成性评价。总结性评价是在课程计划或教学任务完成以后实施的评价，它比较注重总体分析,力图表明课程目标、教学目标的实现程度,并对体育课程的有效性和实施效果作出判断。形成性评价是指贯穿于体育课程各个阶段的评价,它比较注重细节的分析,旨在寻找原因,及时发现问题,使体育课程的有效性得到提高。由于形成性评价是在体育课程结束之前实施的评价,因此对体育课程的开发的过程及教与学的过程的作用更加显著。

对学生课业成绩主要从以下几个方面分析。

体能与运动技能:与体能、健康相关的运动技能达到的水平及运用情况。对于具体的评定项目,学生应有一定的选择性。

学习态度与行为:学生对待学习与练习的态度以及学术在学习活动中的行为表现。

认识与知识:对体育与健康的认识、科学锻炼的方法、体育技能战术知识与运用能力、有关健康知识的掌握与运用等。

情意表现:对体育学习的态度、意志品质、团队协作精神等。

(二)听取课程实施难度的反映

听取地方和学校对课程实施难度的反映是客观记录体育课程实际效果,并进行分析总结,以完善体育课程的一个重要途径,起到评价者从实施者的角度来看待课程计划的作用,这种关注实施难度的评价是人本主义价值取向的。通过听取地方和学校对课程的反映,一方面为制定教育政策提供决策依据;另一方面为课程专家、学校领导、体育教师修正和完善课程目标、课程组织、课程实施等提供依据。

现阶段地方和学校课程实施难度主要受以下因素影响,如:

1.新课程培训不到位,教师缺乏发展平台。

2.对新课程理解有偏差,课堂教学实效性差。

3.生源和器材设备受限制,教学活动开展困难。

4.教材设计不够合理。

5.应试教育现象依然存在,课改理念无法完全贯彻。

所以在听取地方和学校对课程实施难度的反映时,除了要关注新课程理念、教学目标、教学内容、组织实施、评价等方面是否可以很好地让教师理解并执行以外,还要重点听取新课程理念在贯彻中遇到的阻力;教学目标落实上存在哪些问题教学内容是否符合学生实际情况;组织实施的可行性;评价的科学性等反馈意见。

(三) 听取教师对体育课程意见

体育教师是体育课程的执行者,在课程实施过程中教师执行的是教师建立在客观理论和自身经验积累之上的课程观。同时,体育教师也是课程开发的参与者,在此基础上教师的角色应该由知识的传授者向学生学习的引导者转变。因此体育教师应了解课程设计方案的内在精神和技术处理技巧,评价的结果才可进一步用于课程设计方案的修订和完善。

体育教师作为体育课程的实施者和评价者,应该采取"开发—实践—总结—提高"的循环式开发模式,不断优化体育课程,使其发挥更有效的教育功能。而总结实质就是对现有课程进行评价的过程,也是下一轮课程开发的起点。体育教师要努力避免局限于自己的设计思想,不考虑其他人对课程设计的需要,致使评价缺乏客观性。同时,针对课程的目标和课程实施的具体情况,要进行理性的反思,并对课程开发中出现的一些新问题进行研究。最终讨论形成客观准确的评价结果,并通过反馈,为进一步改进课程提供决策依据,使课程开发质量不断提高。

三、体育课程文本的修订

(一)体育课程文本的修订周期

自中华人民共和国成立以来,体育课程文本一般是由教育行政主管部门和中央主管部门制定并颁布的专门的体育课程教学的专业性指导文件。每次体育课程文本的修订都是伴随着我国课程改革的大背景进行的。

(二)体育课程文本修订的基本程序

体育课程文本的每次修订一般需要经过如下的基本程序。

1.统一的变革取向定位

课程改革在开始着手修订的时候,已经存在一种变革倾向,这种变革倾向是促进变革的动力之一,课程本身是学习的内容更是一种价值取向,是所有参与课程改革工作的人应该持有的立场。

2.找准基础研究的方向

(1)现状调查。体育课程状况的调查研究,事实上是一种以课程理想的视角对现实的审视,这种现状调查在课程标准修订制作中作为一种背景信息,影响课程标准修订者的取舍。

(2)社会需求调查。社会需求调查是针对课程发展与社会需求之间的关系进行系统的、自觉的研究的基础。

(3)学科课程国际化。参考借鉴他国教育发展的经验教训是谋求自我发展的重要途径。

(4)学科发展状况研究。意识到自身学科课程内容陈旧或体系方面存在问题是课程修订的前提。因此修订团队须重新审视、梳理自身学科的发展状况及未来的发展趋势。

3.制订课程方案及草案

主要过程：定位本学科课程性质；对课程结构框架进行研讨，提出课程整体设想；对课程改革的目标定位、基本思路等总体方案反馈、论证与细化完善；初步形成课程修订方案；对方案多次反复修改；基本形成课程方案、课程标准征求意见稿。

4.意见征询工作的实施

信息反馈、意见征询在课程标准设计过程中不断进行。征询意见的对象包括一线教师、教研员、教育专业工作者，他们阅读修订后的课程标准，提出问题和意见。

5.实验区进行有效试验

课程标准修订草案出台后，便进入实验区的实验阶段。课程改革实验工作评估团深入到实验区对草案实施情况进行评估、指导，将反馈意见进行汇总、数据进行处理，最后反馈给课程标准研制组，着手进一步修订。体育课程文本修订的基本程序，如图4-1所示。

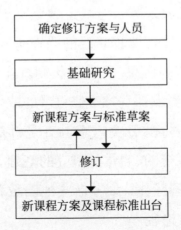

图4-1 体育课程文本修订的基本程序

第五章
体教融合背景下学校体育发展的实践路径

学校体育发展方式的转变是面对学生体质逐年下降以及自身的改革需要所作出的科学决策。学校体育发展方式的转变主要包含了六项内容,下文从不同角度针对学校体育发展以及教育发展现状罗列了几条现实问题,并且提炼出能够切实可行的转变手段与途径。

第一节 寻求改革决策融入改革实践手段和途径

一、从制度层面上做硬性规定

教育要"立德树人",体育是教育的重要组成部分,必须通过制度建设的途径,真正将其和德育、智育、美育放在同等的地位。近几年的体育改革内容,本书在第一章第三小节体教融合的内涵中有所呈现。目前,在顶层设计下,学校体育发展目标、价值功能和评价方法等方面将更加明确。要全面贯彻党的教育方针,发挥体育在"立德树人"中的作用,在确保体育参与时间和实效性的同时,还要做好体育课和思想品德课、历史课、语文课,以及艺术课等课程的融合发展。通过融合,不仅能发挥体育的育体和身体、运动教育功能,同时可以充分挖掘体育的德育、智育、美育功能,将体育和整个教育融为一体,以促进学生的全面发展。①

二、发展机制和经费保障制度

要大力促进教育公平,统筹城乡学校体育发展,实现师资、经费、场地设施、器材等人、财、物资源的优化配置。将体育场地设施、器材配置基本达标作为推进学校标准化建设的主要标准之一。应特别关注贫困地区学校基本办学条件的改善。以中西部农村贫困地区为主,兼顾东部部分困难地区;以集中连片特困地区为主,兼顾其他国家扶贫开发工作重点地区、边境地区等贫困地区。经过3至5年的努力,使包括运动场在内的教学设施满足基本教学需要。当前,城镇学校体育教师的配备在数量上和质量上都要强于农村,特别是农村贫困地区的学校。因此,应配合教师交流制度的实施,加大城镇学校体育教师对口支援农村学校、优质公办学校体育教师对口支援薄弱学校的力度,建立农村、薄弱学校教师到城镇学校、优质公办学校交流任职和学习的制度,优化体育教师的资源配置。

三、借力考试招生的制度改革

基于高考的指挥棒作用和学校体育在实际工作中不受重视的现实,出现了将体育纳入高考科目的呼声。将体育纳入高考科目,在客观上确实可以提高学校体育的地位,但在当前教育生态下,也必

---

① 张金桥.我国学校体育发展方式转变研究[M].天津:天津社会科学院出版社,2017.

然会异化为军备竞赛式应试教育的工具,同时也会对高考的相对公平造成冲击。这是因为体育相对与其他文化课程,受办学条件的制约更大,多数农村学校的学生在接受体育教育和进行体育练习方面要落后于城市学生。如果将体育纳入高考科目,总体上来讲,对于农村学校的学生的是不公平的。同时,考试如何组织,考什么项目,残疾学生如何参加考试等等一系列问题尚不完善,使得体育纳入高考科目的时机相对还不成熟。

在体育成为高考科目时机不成熟的情况下,应积极探索将体育纳入初高中的学业水平考试和综合素质评价体系的机制。当前要重点考虑以下问题:体育的学业水平考试如何组织;考试的内容;如何体现成绩,是用分数的形式体现,还是以等级的形式体现;是侧重过程评价,还是侧重结果评价;是对上一级学校招生是起参考作用,还是起决定性作用等问题。

四、加快政府职能转变

在学校体育发展中,政府应全面正确履行职能,加强学校体育发展战略、规划、政策和标准的制定和实施,从宏观层面加强对学校体育发展的监管。政府应逐步降低对学校体育发展微观事务的介入深度,充分发挥学校、教师在学校体育发展具体事务中的自主性。

五、进行学校体育的综合改革

要在教育综合改革的指导下,理清学校体育各项改革的逻辑关系，进行学校体育的综合改革。同时应该明确，学校体育改革需要全面深化，但不应盲目的全面推进。应在党的领导，且广泛征求意见，然后选取具有代表性的地区先进行试点，最后在试点成功的基础上逐步推进。

政府应该担负起推进学校体育改革的重要职责。在我国现行政治制度环境中，政府自上而下的强力推动，是改革能够顺利进行的保障。激发体育教师参与改革的热情，建立政府、学校和基层体育教师的沟通机制，顶层设计与基层参与相结合，来推动改革的进行，关系到改革的群众基础和改革的深化。[①]

第二节 建立学校体育检测评价机制手段和途径

一、转变体育学习效果和评价方式

应从主要关注结果的评价方式，向关注结果和过程相结合的评价方式转变。主要从学生体质健康状况、体育运动能力、日常参加体育活动情况等方面进行评价，同时将学生体质健康和体育能力的进步幅度作为评价内容之一，以鼓励具备不同身心条件的学生投身体育锻炼。这个层面转变的关键是学生体质健康测试和评价制度的建立。

二、体质健康纳入评优和考试体系

在学生评优过程中，体质健康水平和体育参与情况将是重要指标。将体育和学生的升学和评优挂起钩来，一方面可以提高学生参与体育的内生动力；另一方面也可引起各界的重视。在这个转变过程中，要注意的是，体育可以纳入升学考试体系，但不一定要成为升学考试科目。近些年来，很多省份将体育纳入了中考，对于提升义务教育阶段学校体育的地位起到了一定的效果，可也存在诸多弊端，其中最突出的就是把体育搞成了应试教育。为了在中考取得好成绩，各学校的体育教学基本上就是围绕考试的那几项内容展开，这与尊重学生兴趣的学校体育教育教学新理念是背道而驰的。另外，如何对身心条件不同的学生，特别是残疾学生进行有针对性的体育评价，并将其评价结果纳入评优和升学体系中，是一个值得研究者和决策者认真思考的问题。

三、构建学校体育工作的评价体系

学校层面的体育工作评价包括对学生体质健康水平和基本运动技能的评估、对学校体育组织管理水平的评估、对体育教育教学活动的评估（包括对课程教学活动和校园体育活动的评估，特别关注体育课程研究活动和能力、体育课开课率、学生上体育课和参与阳光体育活动等方面的评估），对学校体育条件保障情况的评价（主要关注教师队伍建设、场地器材建设与开放情况）、对学校体育监督检查机制建立与实施情况的评价等。其中对学生体质健康和运动技能的评估是核心。

四、关于地区学校制定体育公示制度的建议

建议建立逐级上报的制度，通过该项制度建设，将学校体育工作与地方教育，甚至社会发展工作的成效相结合。建议定期对中央直属高校和省级行政区域的学校体育发展评价情况进行公示。建议对地方政府辖区内高校和下一级政府教育主管部门辖区内学校体育开展情况进行公示。政策实行初期，可以只公示，不排名。经过一段时间的试行后，应建立排名和奖惩机制，对于学生体质健康水平不断上升的高校和地区，在评优方面进行加分；对于学生体质健康水平连续下降的高校和地区，给予黄牌警告；对于下降比较严重的，给予红牌警告，并追究相关人员的责任。

通过监测评价机制的转变，将学生的体质健康水平和体育参与情况与学生评优或升学结合起来，将学校体育工作情况与学校、地区教育部门的工作评价结合起来。可以有效的引起各方对于学校体育工作的真正重视。

做好以上工作有一项前提必须保障，就是相关评价数据，特别是学生体质健康相关数据的准确性，因为这些数据直接牵动了各方利益。在当前情况下，对体质健康状况进行第三方测试的机制还未建立，测试的主体还是各个学校，如果没有有效的监督机制，数字造假将不可避免。另外，现在的很多学校，并没有配备有专业的体质健康测试仪器，测试手段比较原始，数据准确性较差，且缺乏与其他学校的可比性。因此，要做好学校体育工作，特别是学生体质健康水平的测试工作，一是要建立健全监督检查机制，通过随机抽检、群众监督等方式避免数据造假；二是教育部门设立专项资金，为全国各类学校配备基本的学生体质健康水平测试仪器；三是教育

部门在组织对体育教师的培训时,加入可以使学生体质健康水平测试更加准确的相关内容。

　　当然,要保证监测评估的客观、公正,引入第三方评估监测是改革的方向。鼓励有关社会组织建设独立于教育行政部门和学校的第三方测试机构,有关部门可以通过竞标的形式,购买这些社会组织提供的学生体质健康测试服务,以保证评估监测结果的独立、科学、客观。

第三节　积极改善学校体育办学条件的手段和途径

一、加强体育教师培训工作

　　体育师资从数量上配齐需要一个较长的过程。当前更为关键的是做好现有师资力量的培训工作。据对高校体育教师的问卷调查,见表5-1所示。有高达91.9%的教师期望通过参加培训的方式来提升体育教育技能,充分反映了广大一线教师对获得培训机会的渴求。

表5-1 高校体育教师期望的提升体育教育技能途径 （n=1632）

选项	n	%	排序
自学、自我钻研	1008	61.8	3
和同事交流经验	1239	75.9	2
学历提升	573	35.1	4
参加培训	1500	91.9	1

近年来，我国一直比较重视体育教师的培训工作，取得了一定的成效。但对体育教师的教育与培训工作仍需在如下几个方面加强与改进：

第一，扩大体育教师的培训覆盖面，做到全员参与。长期以来，我国比较关注学校体育教师的培训，忽视职业学校和高等学校体育教师的培训，即使在学校体育工作得到重视后，体育专职教师和兼职教师并存的局面也将长期存在。兼职体育教师很多没有经过专业的体育教师教育，因此更需要进行体育教育技能的培训。

第二，加强体育教师培训机构建设，完善培训体系。20世纪90年代开始，高校兴起合并浪潮，很多省级和地市级教师教育培训机构（主要是教育学院）被合并到普通师范院校。近几年来，又兴起一股地方教育学院改办普通高校的风潮，以教师进修培训为主的教育学院已相对较少。县级教师进修学校也在缩减。专职教育培训机构的减少，使得包括体育教师培训在内的教师教育培训只能依靠临时性的机构或普通高校承担。专职培训机构的减少还只是数量问题，培训质量问题才是更加令人担忧的。原来独立设置的教育学院并入或改办为普通高校后，属于成人教育性质的教师教育培训得到的资源更少。普通高校的体育院系对体育教师培训的针对性研究较为缺乏,再加上高校体育院系的教师距离中小学一线较远,往往培训针对性相对较差,理论分析较多、实战指导有限。在现实情况下,应当加强体育教师培训机构的建设,最好是通过法规建设和行政手段,将体育教师培训作为普通高校体育院系的一项专职工作固定下来,对体育教师教育的师资队伍建设提出具体的要求。鼓励社会力量投入体育教师的培训机构建设中,同时政府应加强对这些机构的服务与监督。

第三,改革体育教师的培训模式,提高针对性和实效性。应根据学校体育工作的实际需要和体育教师的实际需求,以问题为中心设计培训课程,为体育教师和相关人员提供更有价值和针对性,可操作性更高的培训。体育教师具有一定的教学实践经验,要根据他们的学习特点,选择有效的培训方法,例如案例教学、参与式教学、分组讨论、实地调研和实践指导。鼓励各级各类学校开展学校体育的校本教研和培训。对于培训的承担机构,特别是高等学校中缺乏一线教学经验的培训教师,应深入基层去学习,并对基层考察提出具体要求,以增加培训教师的"实战"经验,提高培训的针对性和质量。

因此,培训机构还应该通过丰富多彩的联谊、经验交流活动的组织,加强培训班的文化建设,为接受培训的教师提供交友、交流的平台和氛围。

二、加快学校体育设施建设

在学校体育设施建设中,各地要按照相关体育卫生条件标准及相关学校建设标准和技术规范,继续加大学校体育设施建设力度,推动各地、各级、各类学校体育场地建设和体育器材配备逐步达到国家标准。在此过程中,应转变主要由教育部门建设学校体育设施的现状,应与国家体育事业发展的整体需求联系起来,拓宽资金来源渠道,充分利用国家、社会和市场的力量来推动学校体育设施的建设。

第一,将学校体育设施建设与其他公共体育设施建设进行整合并,统筹规划。长期以来,我国学校体育、竞技体育、群众体育切分比较明显,不能形成一个政府管理体育的完整体系。体育设施建设上,突出表现是各方都在重复建设,各方都面临着资金不足的问题,且已建成设施的使用效果相对也不是很理想。应将学校体育设施建设纳入各地公共设施建设的总体规划中,统一布局、统一调配。形成教育部门、体育部门和其他部门共同投资建设学校体育设施,共同管理学校体育设施的局面。尤其是在教育投入较薄弱的农村地区,应将"农民体育健身工程"与农村学校体育设施建设有机地结合起来,以此改善农村学校体育条件。在这种资源整合的背景下,应出台学校体育设施对外开放的相关配套措施,在优先保证学校教学的前提下,切实保障城市社区居民和农村村民利用学校体育设施进行体育锻炼的权利。相关配套措施应特别关注两点:一是学校体育设施对外开放所涉及的人员费用问题;二是学校体育设施对其开放所涉及的安全问题,尤其是出现安全事故后,学校责任的划分问题。在这两点上,如果不能明确保障学校的权利,将直接影响到学校开放体育设施的积极性。同时应该大力推动校外公共体育设施向青少年免费或优惠开放。

第二，鼓励社会资本捐助或投资学校体育场地设施建设。学校也可以利用在体育指导方面的人才优势，为捐助资金的社会力量提供体育技术服务。应欢迎市场组织投资学校体育和其他教育设施建设，可以通过校企合作的方式，为企业发展提供智力支持。

三、加大体育经费投入力度

建议通过立法或政策调整，将学校体育经费纳入本级财政预算，明确教育支出中体育经费所占的比例。学校体育经费作为专项资金，专款专用。如果一个学校，一个地区学校体育经费有剩余，不能用于其他教育领域，应收归上一级教育部门，划拨给其他更需要体育经费的地区或学校，或者留给本地区或学校用作第二年的体育支出。应将各级各类学校公用经费中用于体育的支出情况和比例作为学校体育工作考核的重要指标。要重视有限经费的合理利用，以实现使用效益的最大化。投入经费应该向农村地区和偏远地区倾斜，向体育教学活动、教育过程、教学研究还有保障条件建设倾斜。学校体育经费使用前，要对各地区、学校所需经费情况进行统计，对一线教师和广大学生进行调研，并对部分学校进行实地考察，在不违反国家规定的前提下，制定更为科学合理、针对性较强的经费使用方案。[1]

---

[1]张金桥.我国学校体育发展方式转变研究[M].天津：天津社会科学院出版社，2017.

第四节 积极推动体育教育教学改革的手段和途径

一、强化"运动"观念的中心地位

运动技能教学的内容、方法和形式应该在体育课堂教学中得到充分的体现。体育教育教学改革需要先进的理念,更需要在实际推行过程中以实践为导向。"运动"是体育课程内容和组织的本质特征之一,不传授运动技能及掌握运动技能的方法,且缺少一定强度的运动,这样的课将不能称之为"体育课"。运动技能教学必须被强化,在此基础上如何进行教学与学习方法上的转变,如何提升学生学习技能的兴趣和能力才是现在需要探讨的内容。校园(课外)体育活动应坚持将举办各种类型的竞赛活动作为引导学生参与运动的重要手段之一。

二、制定符合时代发展的课程标准

课程标准的制订过程中,要处理好传统与发展、理论与实践目标多元化与层次性的关系。课程改革需要有前瞻性,需要创新,但创新不是"标新"。对在长期教育教学实践中被证明行之有效的教学内容和教学方式应当坚持,对需要改进的地方,应遵循时代性、先进性的原则进行创新。在借鉴国外经验的过程中,要充分考虑这些经验对于我国来讲,是否具有迁移性。在制定课程标准的过程中,允许各种学术观点的碰撞,也允许借鉴国外的先进经验。但是最终要形成体现一定国家意志的课程标准方案时,就一定要慎重,要在充分尊重传统的基础上进行创新；要在充分考察我国学校体育发展的实际情况的基础上借鉴国外的经验；要在充分尊重学校体育目标多元化趋势的基础上，明确学校体育目标的层次关系，明确学校体育应该以增进健康、增强体质作为核心目标，防止目标过泛；要充分尊重一线教师和学生的诉求，使制定出来的课程标准既具有时代前瞻性，又能够"接地气"。

三、注意转变教学方式和学习方式

传统体育教学方式与学习方式存在的突出问题是，教学方式和学习方式相对单一，特别是在运动技能教学中，教学方法相对简单。学生学习往往是被动学习，激不起学习的兴趣，不利于学生终身体育能力的形成，因而教学效益低，影响学生的体质健康与可持续发展。因此，要培养新型的师生关系，要充分发挥体育教师的主导作用，教师要不断加强自身修养，积极进行教学研究，重新定位自己在教学与学习活动中的地位，倡导启发式、探究式、讨论式、参与式教学。要创新体育活动内容、方式，着力培养学生的体育爱好、运动兴趣和技能特长；要充分尊重学生的主体地位，让学生学会发现学习、合作学习、自主学习。转变教学方式的同时，还要处理好在传统教学方法的扬弃问题。例如，传授式的教学方法是学校体育最基本的教学方法，这种方法经过长期的教学实践，被证明是符合学科特点的。所以，在体育教学中依然应当重视传授式教学方法，并明确传统教学方式与新型教学方式之间的配合关系。

四、体育教育教学具备一定强制性

近年来,我们强调在教学中充分考虑学生的兴趣。但实践证明,体质健康水平是练出来的。能够使学生高兴的去练,是课程改革所追求的理性目标。但也不可否认,一些能够有效促进学生体质健康水平的身体素质练习项目往往是枯燥的,如果过分强调学生的兴趣,这些项目将没有多少学生愿意学习并加以练习,因此有必要对这些枯燥的身体素质练习项目实行一定的强制性,强制性还可以表现在对体育开课率、课外体育活动时间的强制性。前者是针对学生的强制性,后者则是针对管理层面和学生的强制性。

五、合理构建学校体育教育教学结构

合理构建学校体育教育教学结构的要点如下:

第一,可以考虑扩大"强制性"体育教育实施层级,将体育课程贯穿整个大学过程中,而不是仅仅限于低年级学生。

第二,要处理好体育课和校园体育活动的结构关系,校园体育活动从时间上讲,应在整个体育教育教学体系中所占比例达到三分之二以上。要将校园体育活动纳入教学计划和内容,并严格实施。

第三,要处理好不同层级之间体育课内容的衔接。对不同年龄段的学生从体育教学目标、内容选择和教学方法选用等方面根据学生的身心特点提出不同的体育课分级指导原则。低年级应更多强调兴趣的形成,到高年级阶段,应更多强调体育锻炼的技能,并养成良好的体育参与习惯。

六、不断加强校园体育文化的建设

通过校园文化建设,营造良好的校园体育活动氛围。鼓励开展丰富多彩的课外体育活动和带有一定强制性的课间操活动。体育教师应对课外体育活动进行指导,并计入教学工作量。要充分发挥课余体育训练和学校体育竞赛对学校体育氛围的营造作用。要鼓励各种学生体育组织(社团)的组建和活动开展,支持青少年体育俱乐部的建设,为校园体育文化活动提供载体。

七、体育教育应坚持因地制宜的原则

应该根据学生的特点和不同地区、不同学校的实际情况,挖掘传统项目,引进具有时代特点的项目,进行校本课程研发,逐渐形成具有自身特色的体育教育教学内容。城市中的学校,要利用城市学生容易接受时尚元素的特点,将一些具有时代特点的新兴体育项目纳入课堂教学中;农村地区的学校,在当前体育设施建设还有待加强的情况下,应充分利用地域和现有校园环境的特点,发掘民俗体育项目,设计具有浓郁乡村特色的乡土课程;应根据不同地区的气候、地形地貌等地理条件的不同,开发具有区域特色的课程内容,例如东北地区可以将冰上和雪上项目引入课堂,而南方地区可以将游泳作为体育的必修内容;应根据学生的身心状况来安排教学内容,例如我们在对一些山区学校进行调研时发现,这些学校缺乏师资、缺资金、缺乏场地设施,几乎牵涉到办学条件的各要素都比较短缺。但学生的家大多距离学校比较远,每天上、放学要跑很远的路程,运动量很大,所以他们也并不太需要我们传统意义上的体育教学。这个时候可以通过校本课程调研，对课程内容进行取舍，开展符合山区学生身心特点的课程，通过课程要素的优化在一定程度弥补其他要素的短缺。

八、加强体育教育技术与教学整合

信息技术是现代体育教育技术的核心，在有条件的学校，应利用现代信息技术弥补传统体育教学的不足，以促进体育课堂教学的现代化，促进教学内容呈现方式、学生学习方式、教师教学方式和师生互动方式的变革。需要明确的是，体育课程教学和其他学科的教学不同，其更强调实践。因此，现代教育技术的运用应该更加侧重于对教师示范动作和对学生练习动作的分解，以利于更清晰的掌握动作要领和纠正错误。在教师示范方面，可以建设标准化的示范动作数据库；在学生练习方面，可以利用现代运动摄影、摄像设备进行记录，然后进行分解演示；也可以利用现代教育技术进行体育理论课的教学，优化理论课课堂教学。

体育教育教学改革是学校体育发展过程中一个历久弥新的课题。让体育课更受学生欢迎，让体育锻炼更具有科学性，是体育教育教学改革的不懈追求。转变学校体育发展方式，就要在这方面多动脑筋，设计出更吸引学生，更能提高学生体质健康水平的教学内容，研究出更科学的教学方法和学习方法来。

第五节 构建学校体育改革与发展社会认识机制的手段和途径

一、建构社会认识主体的对话与协商模式

不同社会认识之间唯有实现良性互动，才能不断进化。而要促进有效互动，关键在于构建科学的互动模式。实践证明，对话模式与协商模式是两个促进社会认识互动有效的选择。

建立对话模式的前提是承认社会认识的多元性和社会认识主体的相对平等。对话模式的最大特征是保持不同认识主体之间认识的动态生成与平衡，一切与构建学校体育改革发展的部门、机构或是人员，都应该能够在对话平台上，以相对平等的身份表达自己的认识，进行较为充分的对话沟通。当然，不同认识主体由于立场和信息的差异，认识的深度和科学性、先进性上有着较大的差异，对话的意义在于倾听不同意见的同时，进行信息的共享，使得不同认识主体对学校体育改革与发展的认识不断地实现动态的进化，并最终趋于相对平衡，为形成相对的社会共识奠定基础。

唯有在平等的姿态之下，在社会决策中"自上而下"和"自下而上"相结合，才能通过协商就学校体育改革与发展问题取得最大的社会共识，才能使得学校体育改革与发展的决策更完善。

二、建立良好的学术研究学风和学习氛围

一定要树立理论联系实际的良好学风。理论研究者不能高高在上，一定要多深入基层，深刻把握我国学校体育发展实践。任何理论和理念，唯有与从我国学校体育发展实践相结合，才能真正的发挥作用。

要提倡学术百家争鸣，不搞一言堂。在学校体育改革与发展问题上，不同主体的社会认识是多元的。具体到学术研究领域，不同的研究者基于自身的信息把握和价值判断，观点可能会有很大地不同或分歧。对于学校体育改革与发展而言，这些不同的观点是非常重要的，通过不同观点之间的交锋与沟通，可以有效促进社会认识的进化。在学术研究中，应尊重不同的声音，不以权威压制不同学术观点的表达。唯有形成良性的学术研究氛围，才能科学、综合、系统、辩证地利用学术研究的成果，实现学校体育改革与发展的思想和认识的创新，为科学和有效决策提供良性的社会认识进化环境，促进相关实践的健康、可持续发展。

三、加强学校体育发展方式转变相关研究

学校体育发展方式如何转变，是当前困扰学校体育改革与发展的关键问题之一。需要加强相关研究，为学校体育改革与发展的社会认识进化提供充分的理论支撑，为相关决策和实践提供智力支持。

(一) 加强学校体育发展方式转变的研究

关于学校体育发展方式转变的相关研究才刚刚起步, 对学校体育发展方式的内涵的理解还有着较大的分歧, 还缺乏一个逻辑严密, 具有较强权威性的理论研究框架。做好基础理论工作, 有利于统一学术界关于学校体育发展方式转变研究范畴的确定, 为进一步做好相关研究工作奠定理论基础。

(二) 针对学生做好一切教育改革的研究

做好学生测试转变与体育教育教学内容和方式改革的研究工作。前者是学校体育发展方式转变的突破口, 需要认真研究如何能发挥最大的效益, 并引起有关部门、学校和学生本人的重视; 后者是学校体育发展需要常练的内功, 是关系到学校体育教育质量的关键。近年来, 这方面的研究较多, 现在更需要的是研究且具有较强可操作性的案例研究, 如何使体育课更有魅力, 如何能够更快、更科学的取得强身健体、陶冶情操、促进社会交往的效果, 是研究者的责任和努力方向。

(三) 加强学校体育研究工作的投入力度

学校体育发展方式研究意义重大。建议每年的国家社科基金、教育部人文社会科学研究项目、国家和各省区市的教育规划项目立项时充分关注学校体育发展方式转变的相关研究, 并不断加大资助力度。尤其是教育规划项目可以在一定时期内设专题对其进行研究。建议国家社科基金重大项目和教育部人文社科重大项目设置与学校体育发展方式相关的招标课题, 通过招标, 组建优质团队, 对学校体育发展方式转变过程中的重大理论与现实问题进行研究,以提高学校体育改革与发展决策的科学化水平。

第六节 建立高校实务的学校体育管理体制与推动机制的手段和途径

一、加强政府在学校体育的规划与统筹能力

建议建立涉及学校体育和青少年体育发展的行政部门联席会议制度,建立部门之间的沟通协商机制。将学校体育发展纳入教育发展和社会发展的总体规划中,进行统筹安排。要做好学校体育发展的城乡统筹、区域协调发展工作,缩小不同区域、不同学校之间学校体育工作的差异,促进学校体育领域的教育公平和社会公正。

二、建立学校体育工作的良好监测评价机制

建议围绕提高社会各界(特别是政府)对学校体育工作的重视程度和体育教育教学质量,健全学校体育工作,特别是学生体质健康评价的监测评价机制。需要强调的是,除了用抽检的方式来保证学生体质健康数据的准确性和真实性,还要健全学校体育工作的专项督导制度,坚持督政与督学相结合,健全目标考核机制,定期开展督导工作,并及时向社会公告督导评估结果。

三、优化政府关于学校体育的财政支出结构

学校体育经费应该向当前亟需加强的要素领域倾斜。当前倾斜的重点有: 第一, 学校体育基本保障条件建设滞后的欠发达地区及学校, 通过倾斜, 可以在一定程度上缓解学校体育发展不均衡的局面; 第二, 体育场地设施建设, 通过倾斜, 为学校体育发展提供良好的硬件条件; 第三, 体育教师的培训, 通过倾斜, 提高体育教师的教育教学技能, 提高教师的课堂教学能力和课外辅导水平; 第四, 学校体育的相关研究工作, 通过倾斜, 可以充分发挥研究工作在学校体育发展各要素优化和组合方面的智力支撑作用。

四、加快政府职能转变, 改进体育管理方式

建议扩大地方政府学校体育发展统筹权, 根据区域经济社会发展的实际来拟定地方学校体育发展的具体目标和保障条件建设的规划。加大公共财政资金扶持, 同时用政策保障、标准制定和信息服务等手段引导和支持学校体育的发展。

五、建立各级政府的体育发展政绩考核问责

问责制度对问责对象的行为具有良好的导向、监督和矫正功能, 是一种有效的管理手段[1]。政府是学校体育发展和改革的主导者, 建立健全考核问责制度的根本目的在于引导、监督、激励政府转变学校体育发展方式, 推进学校体育的可持续发展。问责的内容主要包括政府是否充分履行了发展学校体育的统筹规划职责, 是否

制定了完善的学校体育工作监测评价机制，是否能够保证政府有关于学校体育发展的财政支出结构的合理性以及是否向亟需加强的领域倾斜等。而最关键的问责点则是辖区内学生的体质健康状况。前面几项问责内容比较偏向于定性考核，而体质健康状况则偏向于定量考核，数字的准确性直接关系到评价的质量，因此，要严把数据统计关，采取各种措施保证测试数据的相对真实。

六、构建四位一体的学校体育发展立体网络

政府的管理必须强化，通过政府掌握的人、财、物和政策资源来支持学校体育的发展。政府应该在加强管理的前提下，着力于构建政府、学校、社会、家庭四位一体的学校体育管理与发展网络。

第一步，改变学校体育和群众体育切分太明显的现状，探索二者之间的融合机制，使学校体育成为全民健身运动的重点和主要阵地之一，实现学校体育和群众体育在技术、人才、场地和体育组织建设等方面的合作与资源共享。

第二步，引领和鼓励社会力量通过投资、资源共享、提供服务等方式参与到学校体育的建设中来，例如，可以引入社会组织提供的学生体质健康测试服务，进行第三方评估，为做好学校体育的督导、监测与评估提供科学、客观、真实的数据支撑。

第三步，应突破"学校"的思维局限，拓宽视野至社区和家庭，应加强家庭和社区的青少年体育活动，引导家庭和社区参与到学校体育的发展与延伸管理中来，形成学校、家庭和社区学生体质健康促进的合力。例如，部分城市社区创办的将文体活动作为主要内容的"四点半学校"即是社区作为学校体育有效延伸的一个典型例

证。家庭对于学生来讲，是除了学校外，相处时间最长的地方，家庭是学生思想的启蒙地和日常行为的主要学习地，家庭教育和学校教育相辅相成，可以促进学生的全面发展和完善人格的形成。要充分认识到家庭教育对加强青少年体育、增强青少年体质所起的关键作用。要在广大家长中倡导"健康第一"理念，鼓励家长和孩子共同参加体育锻炼，将体育作为日常生活方式的重要组成部分。学校、社区、家庭之间要加强沟通与合作，以资源共享的形式组织开展丰富多彩的以学校运动会、社区运动会为重要节点的活动，结合日常体育参与，构建青少年体育活动的网络体系。学校体育也应积极介入社区体育和家庭体育的发展，在不影响学校正常教学和保证安全的前提下，向社会开放体育场地，并利用学校体育师资力量，向社区提供技术指导等志愿者服务。

总之，要通过政府、学校、社会、家庭四位一体的学校体育管理与发展网络的构建，优化学校体育管理与参与机制，增强学校体育发展的依托主体，利用多个阵地、多种形式来提高青少年终身体育的参与能力，提高青少年的体质与健康水平。通过多方合力，共同做好学校体育工作。

参考文献

1. [俄]安东·巴甫洛维奇·契诃夫；李辉凡.契诃夫精选集[M].济南：山东文艺出版社,1997.

2. [法]梅耶；夏祖奎.外交官[M].北京：世界知识出版社,1988.

3. [美]R.M.加涅；皮连生.学习的条件和教学论[M].上海：华东师范大学出版社,1999.

4. [美]艾丽斯·卡拉普赖斯；仲维光,还学文.爱因斯坦语录[M].杭州：杭州出版社,2001.

5. [美]约翰·弗拉维尔.认知发展[M].上海：华东师范大学出版社,2002.

6. 联合国教科文组织国际教育发展委员会.学会生存——教育世界的今天和明天[M].北京：教育科学出版社,1996.

7. 梁娟.我国学校体育教育发展战略与改革思考[M].北京：北京工业大学出版社,2019.

8. 体育理论教材编写组.体育理论[M].北京：高等教育出版社,1986.

9. 王文生.体育教学论体育方法学中学体育教材教法[M].桂林：广西师范大学出版社,2003.

10.张金桥.我国学校体育发展方式转变研究[M].天津：天津社会科学院出版社,2017.

11. 张志斌.新时代学校体育发展的理论变革与实践探索[M].北京：中国书籍出版社，2020.

12. 蔡军.谈情绪对体育教学效果的影响[J].黑龙江教育学院学报，1998，（3）：101-102.

13. 褚宏启.地方政府教育政绩考核指标体系与教育问责制度的构建[J].教育发展研究，2011，31（3）：28-33.

14. 高鹏飞，梁勤超，李磊.青少年体育参与不足的文化惯习、代际传递与现代重构[J].体育与科学，2019，40（3）：48-53.

15. 郝保文.对布鲁纳学科结构理论的理解[J].内蒙古师范大学学报：哲学社会科学版，1987，（1）：7.

16. 何劲鹏，杨伟群.我国学校体育政策执行"不良心态"本质透析与制度性化解[J].北京体育大学学报，2018，41（2）：7.

17. 侯斐弘.浅析加涅的教育心理学理论[J].心理医生，2018，24（15）：326-327．

18. 纪成龙.身体的重构：对当前体育课程问题的反思[J].上海体育学院学报，2018，42（2）：94-99.

19. 季浏，马德浩.改革开放40年我国学校体育发展回顾与前瞻[J].南京体育学院学报（社会科学版），2018，1（5）：1-11.

20. 李晓菊，王国英.从皮亚杰的适应论看儿童心理发展的原因[J].承德民族师专学报，2001，21（3）：2.

21. 梁立启，邓星华."扬州会议"的回顾和对当前学校体育发展的启示[J].体育学刊, 2014, 21 (5): 1-5.

22.林崇德, 罗良.情境教学的心理学诠释——评李吉林教育思想[J]. 教育研究, 2007, 28 (2): 6.

23.刘德海, 徐呈祥.我国青少年体质健康政策研究[J].青少年体 育, 2022, (6): 41-42.

24.刘阳, 何劲鹏.学校强制体育合理推进的现实因由与实践价值[J]. 沈阳体育学院学报, 2015, 34 (6): 125-128.

25.龙安邦, 余文森.我国基础教育课程方案变革70年的回顾与展望 [J].中国教育学刊, 2019, (10): 28-35.

26.罗时铭.当代中国学校体育的流派与争论[J].体育学刊, 2015, 22 (6): 29-36.

27.潘绍伟.从体质教育到运动教育——对我国学校体育的思考[J].体 育科学, 2018, 38 (7): 9-10.

28.邱继旺.元认知能力在体育教学中的培养[J].中国高新技术企 业, 2008, (11): 307-310.

29.曲宗湖, 顾渊彦."学校体育学"三十年历程[J].中国学校体 育, 2009, (8): 12-17.

30.徐英超.两亿接班人的中小学体质教育需要调查研究[J].北京体育 学院学报, 1979, (3): 3-9.

31.杨文轩.论中国当代学校体育改革价值取向的转换——从增强体 质到全面发展[J].体育学刊, 2016, 23 (6): 1-6.

32.张金桥, 王健, 王涛.部分发达国家的学校体育发展方式及启示 [J].武汉体育学院学报, 2015, 49 (10) : 5-20.

33.郑杰英.快乐体育教学是实现初中体育教学目标的新途径[J].考试 周刊, 2016, (5) : 2.